# BergWetter für Sport & Freizeit

Michael Sachweh

# BergWetter für Sport & Freizeit

blv

# Inhalt

# Vorwort

Es gibt kaum einen Naturraum, der auf den Menschen eine solche Anziehungskraft ausübt wie die Welt der Gebirge. Dabei sind es die unterschiedlichsten Gründe, die uns in die Berge führen. Für den einen ist es der Reiz des Wanderns und Bergsteigens, für den anderen sind es die Abfahrten und das Dahingleiten im Schnee. Die Wassersportler schwören auf die zuverlässigen thermischen Winde, die sie nur in der Nähe der Berge finden. Viele nutzen mit ihrem Flugzeug, Drachen oder Gleitschirm die Aufwinde und erheben sich so über Hänge und Gipfel.
So verschieden die Beweggründe sein mögen, eines eint uns alle, die wir unser Herz an die Berge verloren haben: Es ist die Faszination des Naturerlebnisses. Nicht nur die imposante Erscheinung der Erhebungen oder die Idylle der Täler nehmen uns für sich ein. Auch die »Himmelslandschaft« trägt ihren Teil zum Erlebnis »Bergwelt« bei. Je nach Tages- und Jahreszeit und in Abhängigkeit von der Wetterlage werden wir Zeugen der unterschiedlichsten Wolkenentwicklungen und lernen die Vielfalt der Farbnuancen kennen, in denen der Himmel über den Gipfeln leuchtet.
Dieses Buch wendet sich an jeden, der die Natur gern und mit aufmerksamen Augen sieht und der angesichts der Phänomene am Himmel auch ins Grübeln gerät. Wie entsteht eigentlich das »Alpenglühen«, warum hat jede Region ihr »eigenes« Wetter, wie muss die Wetterkarte für eine rundum gelungene Bergtour in den Allgäuer Alpen aussehen? Auf diese und viele andere Fragen zur »Wetterküche« der Bergwelt gibt dieses Buch in verständlicher und anregender Art und Weise Auskunft.
Dabei stehen die praktischen Bedürfnisse im Vordergrund. Schließlich gibt es noch einen anderen wichtigen Grund, warum wir mehr über das Wetter im Gebirge wissen sollten: unsere Sicherheit, unsere Gesundheit. Alljährlich verunglücken allein in den Alpen mehr als tausend Berggänger, weil sie der Wetterlage zu wenig Aufmerksamkeit schenkten.
Dieses Buch soll Sie, liebe Leser, mit dem Bergwetter vertraut machen. Wenn die folgenden Kapitel dazu beitragen, dass Sie die geplante Aktivität, sei es zu Lande, auf dem Wasser oder in der Luft, im Einklang mit der Wetterlage unternehmen können und sich dabei auch in einer fremden Umgebung sicherer fühlen, ist ein wichtiger Zweck erfüllt. Wenn Ihnen dieser Bergwetterführer durch die Vielzahl einzigartiger Aufnahmen dann auch noch die Schönheit der Bergnatur in Erinnerung zu rufen vermag, hat dieses Buch seine Bestimmung gefunden.

Michael Sachweh

# Die physikalischen Bausteine des Bergwetters

## Von der Sonnenstrahlung zur Wärme – einige elementare Gesetze

Die Sonne ist nicht nur die Quelle jeglichen Lebens auf der Erde. Sie bildet auch den Antrieb für Wetter und Klima. Um das zu verstehen, vorab einige interessante Fakten zur Kraft, die von diesem Gestirn ausgeht.
Die Sonne ist ein glühender Gasball mit einer Oberflächentemperatur von 5700°C, der entsprechend seiner großen Hitze eine enorme elektromagnetische Strahlung allseitig in den Weltraum abgibt. Zum Glück umkreist die Erde das Gestirn in einem respektvollen Abstand von rund 150 Millionen Kilometern. So erreichen uns auch nur etwa zwei Milliardstel dieser Strahlungsenergie. Immerhin sind dies täglich 4,27 x $10^{15}$ Kilowattstunden – das 400000fache der elektrischen Energie, die innerhalb eines Tages auf der Erde erzeugt wird. Jedoch wird diese Energiemenge ungleich über die Erde verteilt. Die Gründe dafür liegen in den Bewegungen und in der Kugelgestalt unseres Planeten.
Die Erde umkreist innerhalb eines Jahres auf einer elliptischen Bahn einmal die Sonne. Die Neigung der Erdachse führt dazu, dass auf einem Abschnitt dieser Bahn die Nordhalbkugel, auf dem anderen die Südhalbkugel von der Sonnenstrahlung bevorzugt wird. Diesen Wechsel erleben wir in den meisten Regionen der Erde als die Abfolge einer warmen und kalten Jahreszeit, als Sommer und Winter. Die Erde rotiert aber auch in 24 Stunden einmal um ihre eigene Achse. Fast jeder Ort auf der Erde gerät dadurch regelmäßig auf die Schattenseite der Erde. Diesen Tag-Nacht-Wechsel erleben wir ebenfalls als einen Wechsel zwischen einer wärmeren und einer kälteren Zeit, und er lässt uns im Durchschnitt nur maximal 12 Stunden Sonnenschein am Tag genießen.
Die Erde ist eine Kugel, bestehend aus unterschiedlichen Oberflächen. So trivial diese Erkenntnis inzwischen ist, so bedeutungsvoll ist sie für das Verständnis von Wetter und Klima. Denn diese Eigenschaft der Erde in Verbindung mit der Wärmeenergie der Sonne ist letztendlich die Ursache für die Vielzahl atmosphärischer Vorgänge, die wir mit »Wetter« assoziieren. Um das zu verstehen, müssen wir uns nur wieder an einige Grundgesetze der Physik erinnern:

» **Bei der Sonnenenergie handelt es sich nicht um Wärme-, sondern um Strahlungsenergie. Eine Umwandlung in Wärmeenergie findet im Wesentlichen erst dort statt, wo die Strahlung auf Oberflächen trifft (Wasser, Land). In dem Maße, wie wir uns von diesen Hauptausgabestellen der Wärmeenergie entfernen, wird auch die Wärme geringer.**

Nun verstehen wir, warum die Atmosphäre an ihrem Grund, nämlich in Meereshöhe, in der Regel am wärmsten ist und die Temperatur mit zunehmender Höhe abnimmt (obwohl die Strahlungsenergie der Sonne in dieser Richtung zunimmt!). Dass die Wärme vom Boden her ausgeht, merken wir auf jeder Wandertour im Frühjahr oder Sommer, wenn wir uns auf einen Stein setzen oder uns in die Wiese legen, um auszuruhen. Während uns oben ein kühler Wind um die Nase weht, ist es da unten am Boden schön warm.

Manchmal ist die Wärme schon gar nicht mehr auszuhalten, zum Beispiel an einem felsigen Südhang, wo die Sonnenstrahlen auch im Frühjahr oder Herbst eine große Kraft zu entfalten scheinen. Diese Beobachtung führt uns zu den nächsten beiden wichtigen Gesetzen:

» **Die Sonnenenergie wird von verschiedenen Oberflächen nicht in gleichem Maße in Wärme umgewandelt. Das Material selbst entscheidet durch seine physikalische Beschaffenheit, wieviel Wärme es produziert. Maßgeblich sind die Eigenschaften *spezifische Wärmekapazität* und *Albedo* (das Vermögen eines Körpers, die auftreffende Sonnenstrahlung durch Reflexion wieder zurückzuschicken, bevor sie in Wärme umgewandelt werden kann).**

**Dabei gilt: Ein Körper mit einer geringen Wärmekapazität erwärmt sich rasch und stark, kühlt aber meist auch rasch wieder aus (wenn die Sonne untergeht). Und ein Körper mit einer geringen Albedo vermag sich stärker zu erwärmen als ein vergleichbarer Körper mit einer höheren Albedo.**

Wasser zum Beispiel hat eine große Wärmekapazität und nimmt deshalb an den allgemeinen Erwärmungs- und Abkühlungsprozessen verzögert und nur in geringem Umfang teil. Der Meteorologe spricht von der »thermischen Trägheit« des Wassers. Wir alle haben das schon vielfach erfahren, etwa wenn wir in der Frühsommerhitze in einem Bergsee baden wollten – und vor der unerwarteten Kälte zurückschreckten. Oder im Hochsommer, wenn die Hochdrucklage mal wieder von einer Westwetterlage abgelöst wird – und wir im Zustrom der dann relativ kühlen Atlantikluft trotz Sonnenscheins ins Frösteln kommen. Aus demselben physikalischen Grund sorgt der Atlantik in seinem Einflussbereich für relativ mildes Winterwetter.

Die spezifische Wärme eines Felsens, vor allem eines Granitfelsens, ist dagegen gering. Er erwärmt sich also rasch unter den Strahlen der Sonne.

Dank ihrer Fähigkeit, sich in der Sonne rasch zu erwärmen, werden felsige Südhänge von den Thermik liebenden Flugsportlern bevorzugt.

Auch dieses Phänomen kennen wir von den Bergwanderungen: Sogar weit oberhalb der Waldgrenze kann es ungewöhnlich warm werden, wenn die Sonne auf den nackten Fels scheint. Der Segelflieger weiß die zuverlässige Thermik über steinigen Sonnenhängen, mit deren Hilfe er Höhe gewinnt, zu schätzen.

Das Rückstreuvermögen für Sonnenstrahlung, die Albedo, wurde gerade als ein weiterer Einflussfaktor genannt. Auch dieser Zusammenhang ist uns nicht unbekannt. Schnee verschmäht bis zu 90% der Sonnenstrahlung, reflektiert sie sofort wieder zurück und erscheint uns deshalb manchmal grellweiß. Die starke Reflexion zwingt uns im Hochgebirge zu Sonnencreme und Sonnenbrille. Schnee und Eis wirken deshalb als aktive Kühlflächen und schmelzen nur sehr langsam, auch wenn tagelang die Sonne scheint. So können Gletscherzungen auch bis in tiefe, wärmere Tallagen herabreichen und alte Lawinenreste im Tal noch im Hochsommer den Wanderer überraschen.

Dunkles Gestein, insbesondere Gestein vulkanischen Ursprungs, absorbiert dagegen viel Strahlung und gibt viel Wärme an die Luft weiter. So brauchen wir uns zum Beispiel nicht zu wundern, wenn wir beim Wandern in den hochgelegenen vulkanischen Bergregionen der Kanarischen Inseln auch in 1500 oder 2000 m Höhe noch ins Schwitzen kommen. Zum Glück weht hier aber oft ein frischer Passatwind, der die ersehnte Kühlung bringt.

Bisher haben wir uns bei der Frage nach den Ursachen für räumliche Temperaturunterschiede auf die spezifische Wärme und die Albedo konzentriert. Es gibt aber noch zwei weitere Faktoren, die mindestens ebenso wichtig sind.

Es handelt sich zum einen um die Fähigkeit des Körpers, Erwärmungen oder Abkühlungen weiterzuleiten, die sogenannte *Wärmeleitfähigkeit.* Diese hängt von der Struktur des Körpers ab. Dabei spielt es eine große Rolle, wie lufthaltig er ist:

» **Lufthaltige Körper zeichnen sich durch eine geringe Wärmeleitfähigkeit aus; sie liegt deutlich unter der eines wasserhaltigen Körpers. Trockener Sand oder Kies kann sich deshalb viel mehr erhitzen als nasser Sand oder Kies.**

Über trockenem Flussschotter kann sich deshalb die Luft ganz schön erwärmen. Ja, auch die manchmal unerträgliche Mittagshitze über Karstgestein (Kalk) lässt sich durch die charakteristische Wasserarmut dieser (porösen) Gesteinsart erklären.

Und um den oben genannten Beispielen treu zu bleiben: Unser Granitfelsen zeichnet sich im Vergleich mit Schnee durch eine sehr hohe Leitfähigkeit für Temperaturänderungen aus (wenn er kompakt ist). Er hat eine geringe Albedo und gibt die Wärme rasch weiter, sodass es an einem felsreichen Hang schnell unangenehm warm werden kann. Abends kühlt sich der Hang aber auch wieder schnell ab. Das Ergebnis kennen wir aus eigener Erfahrung: Oberhalb der Waldgrenze gibt es an klaren Tagen große Temperaturschwankungen zwischen Tag und Nacht. Schnee hingegen enthält ein beachtliches Volumen Luft. Luft ist aber ein schlechter Wärmeleiter (Speiseeis zum Mitnehmen wird uns deshalb oft in den lufthaltigen Styroporschachteln serviert). So erkennen wir jetzt den Luftgehalt des Schnees als weiteren Grund (neben der hohen Albedo), warum der Stoff, aus dem die Träume des Skifahrers gemacht sind, so langlebig ist. Bis in den April hinein können wir in den Alpen Abfahrten im Tiefschnee genießen – obwohl die Sonne in diesem Monat bereits dieselbe Kraft wie im August besitzt!

Zurück zum eingangs gezeichneten Bild des warmen Südhangs. Dieses Beispiel eignet sich auch gut, um auf das letzte wichtige Gesetz in dieser Reihe hinzuführen. Es ist das *Lambert'sche Gesetz:*

» **Die Erwärmungsleistung der Sonne ist umso stärker, je steiler der Winkel zwischen Sonnenstrahlen und Oberfläche ist.**

Eigentlich zählt dieses Gesetz zu den wichtigsten in der Klimatologie überhaupt. Mit ihm lässt sich einfach veranschaulichen, warum zum Beispiel

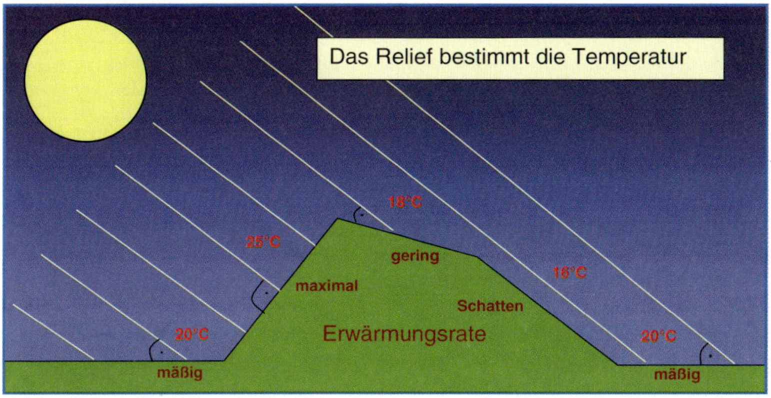


Nach dem Lambert'schen Gesetzt ist die Erwärmungsrate umso stärker, je steiler die Sonnenstrahlen auf das Gelände treffen. Je nach Hangrichtung und -neigung ergeben sich im Gebirge sehr unterschiedliche Erwärmungsraten, die örtlich deutlich über der des Flachlandes liegen. Über solcherart erhitzten Geländepartien setzt die Thermik frühzeitig ein, hier entstehen die ersten Cumuluswolken eines Schönwettertages.

Die praktische Bedeutung des Lambert'schen Gesetzes führt uns diese Luftaufnahme treffend vor Augen: Die nach Süden (rechts) exponierten Hänge mit dem steileren Einfallswinkel der Sonnenstrahlen erwärmen sich stärker und apern deshalb auch viel rascher aus als die von der Sonne in einem flachen Winkel angestrahlten (und deshalb schneebedeckten) Hänge auf der Nordseite der Kammlinie.

- wir an Südhängen die größte Wärme finden
- die Thermik, und damit die Quellwolkenbildung, über Bergregionen früher einsetzt als über dem flachen Vorland
- die Tropen, die sich ja durch einen hohen Sonnenstand auszeichnen, das wärmste Klima und die Polargebiete das kälteste Klima auf der Erde besitzen.

Ja gerade beim letzten Beispiel wird deutlich, dass nicht die Dauer der Besonnung für das Klima maßgebend ist, sondern der Einfallswinkel der Sonnenstrahlung: Nirgendwo sonst auf der Erde sind die Nächte so kurz und die Tage so lang wie in den hohen Breiten im Sommer – und dennoch sind die Tropen auch in dieser Zeit deutlich wärmer! In den Eisregionen spielt natürlich auch die abkühlende Wirkung der großen Schnee- und Eisalbedo eine wichtige Rolle.

## Der Aufbau der Atmosphäre

Der Mond hat weder Wasser noch eine Atmosphäre, deshalb fehlt auf unserem Trabanten das Wetter. Die starke Gravitation der Erde hingegen vermag eine Hülle aus einer Reihe von Gasen konstant an sich zu binden. Das Gemisch besteht aus Stickstoff, Sauerstoff, Argon und Kohlendioxid sowie einigen Edelgasen und wechselnden Anteilen von Ozon und Wasserdampf. Wir nennen diese Mischung Luft und unsere Lufthülle Atmosphäre.

In der wolkenfreien Atmosphäre wird das (weiße) Licht der Sonne zwar kaum absorbiert, jedoch durch die Luftmoleküle stark gestreut. Hierbei gilt das physikalische Gesetz:

» **Beim Weg der Sonnenstrahlen durch die Luft wird das Licht zwischen den Luftmolekülen hin- und herreflektiert, dabei wird der kurzwellige, blaue Lichtanteil am stärksten gestreut. Dieses Streulicht nehmen wir als Himmelshelligkeit wahr und dem hohen Blauanteil bei den Streuprozessen verdanken wir unser Himmelsblau. (Am Oberrand unserer Atmosphäre erscheint der Himmel ohne Licht und Farbe, einfach nur schwarz.)**

Unsere Atmosphäre unterliegt der Anziehungskraft der gewaltigen Masse der Erde und hat deshalb ein Gewicht. Dieses wird als *Luftdruck* gemessen. In Meereshöhe ist der Luftdruck mit durchschnittlich 1013 Hektopascal naturgemäß am höchsten und nimmt mit der Höhe ab. Diese Abnahme verläuft gesetzmäßig, sodass wir aus dem Luftdruck leicht unsere Höhe über dem Meeresspiegel errechnen können. Auf diesem Prinzip beruht der Höhenmesser, den wir auf der Bergtour dabei haben.
Die Druckabnahme mit der Höhe ist im Vergleich zu den horizontalen Druckunterschieden, wie sie die Wetterkarte zeigt, sehr groß. Das trifft besonders auf die untersten 1 bis 2 Kilometer Höhe zu. Innerhalb von nur 8 Höhenmetern verringert sich hier der Druck um 1 Hektopascal. Bereits in 3000 m (Zugspitze) herrschen nur noch rund 700 Hektopascal.
In 5500 m Höhe (knapp 400 m unter dem Gipfel des Kilimanjaro) liegt bereits die Hälfte der Gesamtmasse der Atmosphäre unter uns. Auch der Wasserdampfgehalt der Atmosphäre ist in Meereshöhe am größten, er nimmt mit der Höhe noch stärker ab als der Luftdruck.

Die Auswirkungen dieser Reduzierung der Atmosphärenmasse mit zunehmender Höhe erleben wir bereits im Hochgebirge:
- Das Risiko der Höhenkrankheit durch erniedrigten Luftdruck und Sauerstoffgehalt steigt.
- Es herrscht erhöhte Gefahr von Sonnenbrand und Schädigungen durch UV-Strahlung.
- Wir haben einen großen Flüssigkeitsbedarf durch die hohe Lufttrockenheit.
- Der Himmel erscheint uns aufgrund der geringeren Streukraft der Luftmasse eher dunkel- als hellblau. Am Mount Everest sogar schwarzblau.
- Der Siedepunkt des Wassers liegt niedriger (das Teewasser ist schneller fertig!).

Vier Fünftel der Atmosphärenmasse nehmen die untersten rund 12 Kilometer unserer Lufthülle ein. Nur in dieser Schicht spielen sich sämtliche Wettervorgänge ab. Man nennt den Bereich der Wettersphäre die *Troposphäre.* Bis zu ihrer Obergrenze, der *Tropopause,* nimmt die Temperatur mit der Höhe ab. Denn die Erwärmung der Luft geschieht ja, wie wir im letzten Kapitel gesehen haben, hauptsächlich an der Erdoberfläche durch Strahlungsabsorption. Diese Abnahme verläuft ähnlich wie der Luftdruck gesetzmäßig und berechenbar, wenngleich in den untersten 1000 Metern im Einzelfall größere Abweichungen auftreten können. Als Faustregel gilt:
- Im globalen Mittel nimmt die Temperatur um 7 °C/1000 Höhenmeter ab.

- In den inneren, feuchten Tropen nimmt die Temperatur um 5 °C/1000 Höhenmeter ab.
- In den subtropischen Trockengebieten nimmt die Temperatur um 9 °C/1000 Höhenmeter ab.
- In den Polarregionen nimmt die Temperatur um 4 °C/1000 Höhenmeter ab.

Wer zum Beispiel in den subtropischen Gebirgsräumen wie den Anden oberhalb der Atacama-Wüste schon einmal eine längere Tour unternommen hat, weiß, wie stark die Temperaturen dort mit zunehmender Höhe zurückgehen. An entsprechend warme Kleidung muss der Bergwanderer vorher denken!
Über der Tropopause befindet sich die *Stratosphäre.* Dort bleibt die Temperatur gleich, in ihrem oberen Bereich steigt sie sogar wieder an. Grund für die Erwärmung ist die Absorption von Sonnenstrahlung in der Ozonschicht in 25 bis 50 Kilometer Höhe. Das Ozon filtert den schädlichen Anteil der UV-Strahlung heraus und ermöglicht dadurch Leben auf der Erde. Die *Stratopause* trennt die Stratosphäre von der höher gelegenen *Mesosphäre,* in der die Temperatur mit der Höhe wieder abnimmt. Oberhalb der *Mesopause* in etwa 80 Kilometer Höhe beginnt die *Thermosphäre,* die äußerste Schicht unserer Lufthülle. Dort steigt die Temperatur weit über 100 °C an. Die Polarlichter entstehen in dieser Schicht.
Während die Untergrenze der Atmosphäre durch die Erdoberfläche klar festgelegt ist, vollzieht sich der Übergang in den interplanetaren Raum sehr diffus in 400 bis 600 Kilometer Höhe.
Doch kehren wir zu dem Teil der Atmosphäre zurück, der unsere Berge umgibt und in dem Wetter »passiert«, in die Troposphäre.

## Luftdruck und Winde im globalen Überblick

Mit dem Begriff des Wetters assoziieren wir bestimmte Phänomene zwischen Himmel und Erde. Quellwolken, die zu Schauern und Gewittern zusammenwachsen; der Wind, der sich zum Sturm steigert; ein ruhiger Morgen mit Nebelfeldern.
Woher stammt die Energie für all dies Werden und Vergehen? Was treibt die Wettermaschine an? Antwort:

» **Es sind die in Wärme umgewandelte Solarenergie und der Wasserdampf der Atmosphäre, die letztendlich für unser Wetter verantwortlich sind.**

Kern- und Angelpunkt des Verständnisses bildet unser Lambert'sches Gesetz, aus dem folgt, dass Breiten mit hohem Sonnenstand thermisch bevorzugt sind. Daraus folgt die Gliederung unserer Erde in thermische Klimazonen. Die wärmsten Regionen liegen innerhalb der Wendekreise, also in den Tropen. Polwärts schließt sich die gemäßigte Zone an, zu der auch wir in Mitteleuropa gehören. Die hohen, polaren Breiten sind die Kühlkammern der Erde und der Atmosphäre.
Gemäß den Gesetzen der Physik müssen sich unterschiedlich temperierte Luftmassen auch durch unterschiedliche Luftdrucke auszeichnen. Zur Erinnerung:

» **Ein Bereich mit relativ niedrigem Luftdruck heißt Tiefdruckgebiet (Zyklone) oder kurz *Tief*, analog nennt man einen Bereich mit relativ zur Umgebung erhöhtem Luftdruck Hochdruckgebiet (Antizyklone) oder kurz *Hoch*. Einen guten Überblick zur geographischen Verteilung von Hochs und Tiefs erhält man durch die Wetterkarten mit ihren *Isobaren*, den Linien gleichen Luftdrucks.**

Ein Ausdruck des Zusammenhangs zwischen Temperatur und Luftdruck ist die folgende physikalische Gesetzmäßigkeit, auf die wir später bei der Beschreibung des lokalen Bergwetters immer wieder stoßen werden:

» **Verglichen mit warmen Luftmassen haben kalte Luftmassen ein höheres Gewicht. In den Polarregionen ist deshalb der Luftdruck am Boden relativ hoch *(polares Kältehoch)*, in den Tropen relativ niedrig *(äquatoriale Tiefdruckzone* als Kette von Hitzetiefs).**

**In der oberen Troposphäre hingegen kehren sich die Luftdruckgegensätze um, denn die voluminösere Warmluftmasse kann sich dort stark nach oben ausdehnen, verglichen mit der komprimierten polaren Kaltluft. Und so ergibt sich in der Höhe folgende Situation: oberhalb von etwa 4 bis 5 Kilometer Höhe steht hoher Luftdruck in den Tropen tiefem Druck in den polaren Breiten gegenüber.**

Die Temperaturunterschiede auf der Erde erzeugen also Luftdruckunterschiede. Und nun ist es gedanklich nur noch ein Katzensprung bis zur Erklärung des Windes und der Luftströmungen. Denn Luftbewegung entsteht durch Luftdruckgegensatz:

» **Ein Luftdruckgefälle in horizontaler Richtung erzeugt horizontale Luftbewegung (Wind). Der Wind ist umso stärker, je größer das Gefälle ist.**

**Der Wind weht bei kleinen Luftströmungen (lokale Winde) direkt in Richtung des tiefsten Drucks. Bei größeren Luftströmungen, die Distanzen von 100 Kilometer und mehr zurücklegen, biegt die Strömungsrichtung unter dem Einfluss der Erdrotation *(Coriolis-Kraft)* mehr und mehr nach rechts bzw. links (Nordhalbkugel bzw. Südhalbkugel) um, bis die Winde fast parallel zu den Gefällelinien des Drucks (den Isobaren in der Wetterkarte) wehen.**

Nach dem bisher Gesagten müssten die Winde eigentlich in der unteren Troposphäre von den Polen schräg auf den Äquator zufließen und dann in größeren Höhen, angetrieben durch das dort umgekehrte Druckgefälle, wieder beidseitig des Äquators zu den Polen zurückfließen. Und um den Massenausgleich herstellen zu können und den atmosphärischen Kreislauf perfekt werden zu lassen, müsste dann noch die Luft in den inneren Tropen aufsteigen und über den Polen absinken. In frühen Zeiten der Meteorologie wurde dieses einfache Modell eines thermisch angetriebenen, globalen Luftmassenkreislaufs tatsächlich angenommen. Heute weiß man, dass dieser Kreislauf nur für die Tropen sowie für lokale Luftzirkulationen gültig ist. Denn die Wissenschaftler stießen bald auf folgendes Phänomen:

» **Die starken oberen West- und Südwestwinde, die zwischen Tropen und Polarregionen herrschen *(Jet-Stream)*, wirken auch auf das untere Troposphärenstockwerk der mittleren Breiten. Hier bauen sie zwei große Luftdruckgürtel auf: eine Zone am Polarrand der mittleren Breiten, wo sich häufig Tiefs bilden *(subpolare Tiefdruckzone)*, und eine Zone am äquatornahen Rand der mittleren Breiten, wo sich häufig stabile Hochs ausbilden *(subtropische Hochdruckzone)*.**

**Im Kernbereich der mittleren Breiten sorgt das Luftdruckgefälle für vorherrschende Westwinde. Winde und Wetter sind hier jedoch sehr unbeständig, da der obere Jet-Stream immer wieder wandernde Tiefs und Zwischenhochs produziert, die von West nach Ost driften.**

Damit ist das Bild der großen globalen Luftdruck- und Windgürtel komplett:

- **Innere Tropen:** Verhältnismäßig tiefer Luftdruck und schwache, wechselnde Winde. Vorherrschend bewölkt, immer wieder Schauer und Gewitter.

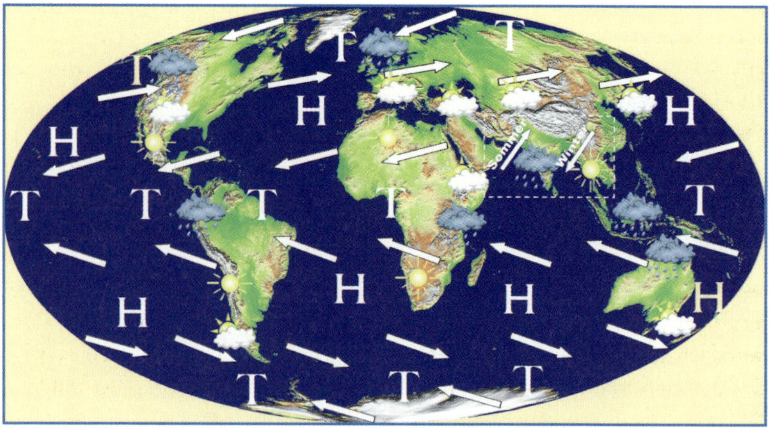


Die großen Luftdruck- und Windzonen der Erde sind mehr oder weniger entlang der Breitenkreise angeordnet. Das Wetter der Gebirge wird durch die Nähe zu Hoch oder Tief bestimmt. Außerdem sorgen in der Zone der tropischen Ostwinde (Passate) und der außertropischen Westwinde Stau- und Föhneffekte dafür, dass die Gebirge je nach Windexposition sehr unterschiedliche Wetterseiten haben.

- **Äußere Tropen:** Ein konstantes Luftdruckgefälle sorgt für beständige Ostwinde (Passate). Überwiegend sonnig.
- **Subtropen:** In höheren Luftschichten beständige Westwinde; sonst relativ schwache, wechselnde Winde bei überwiegend hohem Luftdruck. Meist sonnig.
- **Gemäßigte Zone:** In allen Höhen sorgt das Luftdruckgefälle für vorherrschende Westwinde. Wechselhaftes Wetter mit zeitweise starken Winden.
- **Subpolare Zone:** Überwiegend tiefer Luftdruck, verbunden mit wechselnden, zeitweise starken Winden. Viele Wolken und immer wieder Regen.
- **Polarzone:** Relativ hoher Luftdruck und schwache Ostwinde. Im ozeanischen Bereich viele Wolken, sonst oft freundlich.

Unser geschätztes *Azorenhoch* erkennen wir jetzt als ein Mitglied in der Familie der Subtropenhochs wieder, während das weniger geliebte *Islandtief* zur Familie der subpolaren Tiefdruckzone zählt.
Die Winde können also in unterschiedlichen Höhen ganz verschieden sein. Ich entsinne mich einer mehrtägigen Wandertour, die mich vor einigen Jahren in die beeindruckende Berglandschaft der südspanischen Sierra Nevada führte. An einem jener schönen, klaren und trotz der schon kräftigen Sonne noch angenehm milden Tage, wie man sie dort im Frühjahr oft hat, zeigten sich schon am frühen Vormittag zahlreiche Quellwolken am Himmel. Sie standen da über den Gipfeln wie festgenagelt, und das über Stunden hinweg. Und tatsächlich war an jenem Tag kaum ein Lüftchen zu verspüren. Doch gegen Mittag näherten sich von Westen her rasch hohe Schleierwolken. Kilometerweit über den Cumuli, jagten sie in hohem Tempo über den Himmel. Für einige Zeit trübten sie die kräftige Subtropensonne, dann war das Wolkenband im Osten entschwunden. Der Spuk dauerte kaum eine halbe Stunde. Ich schätzte ihre Geschwindigkeit auf mehr als 100 km/h. Es war wie ein Gruß aus einer anderen (Wetter-)Welt.
Die Sonne und die Kugelgestalt der Erde bewirken also durch den Aufbau unterschiedlicher Wärmezonen großräumige Luftdruckunterschiede. Und diese wiederum horizontale Luftströmungen (Winde). Nun ist es an der Zeit, sich mit dem wichtigsten Produkt der Luftzirkulation zu beschäftigen, dem Wetter. Wir reden von schönem Wetter, wenn die Sonne scheint, schlechtem Wetter, wenn es bewölkt ist oder gar regnet. Der Stoff aus dem die Wolken bestehen, ist Kondensierter Wasserdampf. Verantwortlich für ihre Entstehung und Auflösung sind die vertikalen Zweige der Luftzirkulation. Sie sind die eigentlichen Urheber von Wolken und Wetter.

# Wetterwechsel: wie Wolken entstehen – und wieder vergehen

Wenngleich an der Gesamtmasse der Atmosphäre nur in Spuren beteiligt, bildet der gasförmige *Wasserdampf* doch die wichtigste Grundlage allen Wettergeschehens. Er kondensiert zu Wolkentröpfchen und verwandelt sich bei tiefen Temperaturen in Eis. So ist das atmosphärische Wasser an der Wolken- und Niederschlagsbildung beteiligt und beeinflusst damit auch die Sonnenschein- und Temperaturverhältnisse auf der Erde.
Die großen Luftströme in der Troposphäre sorgen vor allem in den mittleren Breiten für regional unterschiedliche Wasserdampfgehalte der Luftmassen. Dies ist ein wesentlicher Grund für den wechselhaften, sich mit der Wetterlage ändernden Witterungscharakter in unserer Klimazone.
Unter welchen Bedingungen verwandelt sich nun der unsichtbare atmosphärische Wasserdampf zu Wolken, wann lösen sich Wolken auf? Wie entsteht »schlechtes« und »gutes« Wetter?
Der Schlüssel zum Verständnis steckt in den beiden folgenden einfachen Regeln.

» ***Gesetz nach Magnus:*** **Luft kann nur eine bestimmte Menge Wasserdampf (Gas) aufnehmen. Wieviel das ist, hängt von ihrer Temperatur ab. Je wärmer die Luft ist, desto mehr Wasserdampf kann sie in gasförmiger Form aufnehmen. Weiter gilt: diese Abhängigkeit ist nicht linear, sondern progressiv. Tropische Luftmassen können deshalb enorm viel Wasserdampf aufnehmen.**

» **Die maximale Aufnahmekapazität für Wasserdampf heißt *Sättigungspunkt,* folgerichtig sagt man in diesem Fall, die Luft hat eine *(relative)* Feuchtigkeit von 100%. Kühlt sich gesättigte Luft ab oder reichert sich mit weiterer Feuchtigkeit (Wasserdampf) an, beginnt sie den überschüssigen Wasserdampfanteil sichtbar als Wolke oder Nebel auszuscheiden – die Luft *kondensiert.* Erwärmt sich hingegen gesättigte Luft, oder verliert sie einen Teil ihrer Feuchtigkeit, setzt der umgekehrte Prozess ein: dem atmosphärischen Kondensationsprodukt geht es an die Substanz – die Wolke löst sich auf, der Nebel lichtet sich.**

Die Auswirkungen des Magnus'schen Gesetzes haben wir schon vielfach erfahren. Wenn im Sommer schwül-warme Mittelmeerluft ihren Weg zu uns findet, kommt es über den Bergen am Nachmittag oft zu lokalen Schauern und Gewittern. Nicht selten sind das wahre Wolkenbrüche, die in kürzester Zeit 20, 30 oder sogar 50 Liter/m$^2$ zustande bringen. Schauer hingegen, die vom Atlantik oder gar aus polaren Breiten heranziehen, sind weitaus weniger ergiebig – einfach weil kühle Luftmassen weniger Wasserdampf aufnehmen können. Ein Beispiel aus dem Winter: Oft haben wir

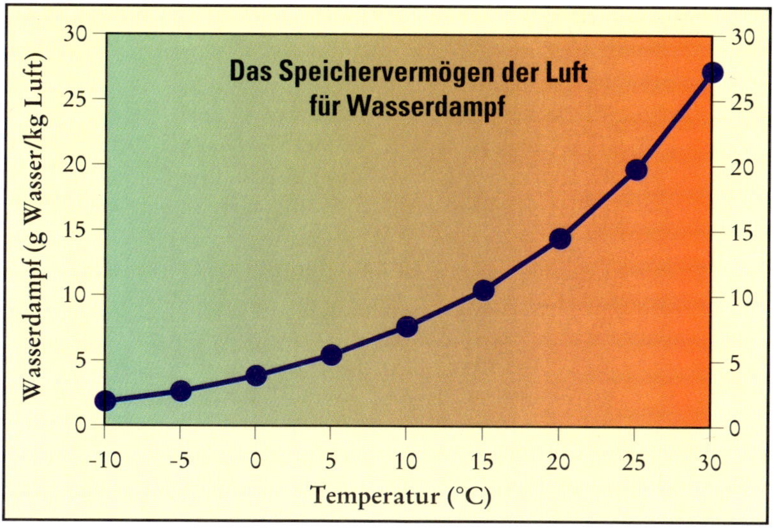


Warme Luftmassen können viel mehr Wasser in gasförmiger Form aufnehmen als kalte Luftmassen und deshalb auch ergiebige Niederschläge produzieren.

den Eindruck, dass aus Schneewolken bei Temperaturen nahe des Gefrierpunkts viel mehr Schnee fällt als bei großer Kälte. Der Eindruck täuscht nicht. Russische Kaltluft ist bei uns eher für extreme Winterkälte berüchtigt – nicht aber als verheißungsvoller Schneelieferant.

Welche Möglichkeiten bietet nun die Atmosphäre dem Wasserdampf, zu kondensieren? Physikalisch gesehen sind es zwei alternative Situationen, wie wir gerade gesehen haben: Abkühlung oder Feuchtezufuhr.

Es hat sich gezeigt, dass am häufigsten eine Abkühlung der Luft für Wetterverschlechterungen verantwortlich ist. Bevor wir zur Frage kommen, unter welchen Umständen dies geschieht, noch kurz zu den Ursachen der Abkühlung.

## Wie kann sich Luft abkühlen?

Es gibt prinzipiell drei Möglichkeiten:

- **Luft steigt auf.** Dabei kommt sie unter den niedrigen Höhenluftdruck – und dehnt sich zwangsläufig aus. Diese Änderung fordert ihren Tribut: auf 100 Höhenmeter kühlt die Luft um 1 °C ab *(trockenadiabatische* Abkühlung). Geht die Abkühlung bis zum Sättigungspunkt, setzt ab dem entsprechenden Höhenniveau Kondensation ein *(Kondensationsniveau).* Die weitere Abkühlung (innerhalb einer Wolke) ist nun weniger stark *(feuchtadiabatische* Abkühlung; hängt vom Temperaturniveau ab: je wärmer, desto geringer ist die Abkühlung beim Aufstieg innerhalb der Wolke; Mittelwert: 0,6 °C/100 m).

- **Luft kühlt sich an Ort und Stelle durch Wärmeausstrahlung ab.** Nachts strahlt der Boden Wärme ab und kühlt dabei aus. Die Abkühlung erfasst nach und nach auch die unteren Luftschichten.
- **Luft driftet über einen kalten Untergrund oder mischt sich mit kälterer Luft.** Wenn Luftmassen zum Beispiel über eine Schneefläche oder über kälteres Wasser strömen, kühlen sie sich rasch auf das Temperaturniveau des Untergrunds ab.

Mehr Physik ist zum Verständnis nicht nötig. **Überlegen wir uns nun einmal, welche Situationen zu Abkühlung, Kondensationsprozessen und nachfolgender Wetterverschlechterung im Gebirge führen können:**

(1) **Nebel** *(Strahlungsnebel)* Am Abend eines klaren Tages beginnt der Boden durch Wärmeausstrahlung auszukühlen, und damit auch die bodennahen Luftschichten. Der Wasserdampfgehalt der Luft bleibt dabei im Wesentlichen konstant. Somit steigt die relative Feuchte in der Luft nahe des Bodens kontinuierlich an. Nach einigen Stunden Abkühlung wird irgendwann in der Nacht der Sättigungspunkt erreicht. Es herrscht nun eine 100%ige Luftfeuchte. Der Abkühlungsprozess dauert aber weiter an – und so entsteht ein Überschuss an Wasserdampf, der entweder zu Tau, oder zu Nebel kondensiert. Erst sehen wir nur in Bodennähe Nebel *(Bodennebel),* bald aber füllt er das ganze Tal aus *(Talnebel).*

(2) **Wolken**
**Staubewölkung** Eine Luftströmung führt feuchte Luft gegen ein Gebirge. Die bewegte Luftmasse wird dadurch am Gebirgsrand zu einem Ausweichmanöver gezwungen: sie steigt auf, um das Hindernis zu überwinden. Dabei bilden sich ausgedehnte Wolken auf der Windseite des Gebirges, die Stauwolken.
**Thermikwolken** (Cumuluswolken) Der Boden, und damit auch die unteren Luftschichten, erhitzen sich an einem sonnigen Vormittag. Besonders an Südhängen wird bald der Temperaturunterschied zur kälteren Höhenluft so stark, dass die Warmluft als Thermik aufsteigt (Konvektion). Während des Aufstiegs kühlt sie ab und bildet Quellwolken (Konvektionsbewölkung), aus denen sich in der zweiten Tageshälfte manchmal Schauer und Gewitter entwickeln.
**Turbulenzwolken** Eine kräftige Luftströmung überwindet ein Gebirge. Durch die Reibung am Relief wird die Strömung vor allem in Gipfelnähe turbulent. Das äußert sich in einem recht chaotischen Auf- und Absteigen der Luft. Einzelne Luftpakete können dabei durchaus (mehrfach hintereinander) einige 100 Meter hochsteigen und dann wieder absinken. Ist

die Luft sehr feucht, dann reichen diese Vertikalbewegungen aus, dass beim Hochsteigen die Feuchtigkeit in diesen Luftpaketen kondensiert. Wir können oft zusehen, wie plötzlich hinter dem Gipfel Wolkenfetzten oder kleine Haufenwolken entstehen – und sich bald wieder auflösen. Man nennt sie Turbulenzwolken. Die sogenannte Rotorwolke, die zuweilen bei Föhnwetterlagen am Gebirgsrand entsteht, gehört zu dieser Kategorie.

**Hochnebel** (Stratus) Manchmal gibt es Wetterlagen, da bilden sich in den unteren Luftschichten in bestimmten Höhenbereichen Temperaturinversionen aus. Das sind relativ dünne Schichten, in denen die Temperatur mit der Höhe zunimmt. Sie gelten auch als Sperrschichten, weil sie vertikale Mischungsvorgänge in der Atmosphäre nicht zulassen. Das beobachten wir oft bei winterlichen Hochdrucklagen. An diesen Inversionen sammelt sich mit der Zeit der Wasserdampf, es bilden sich Dunstschichten. Nachts kühlen sich die Dunstschichten durch Ausstrahlung ihrer Wärme in den Weltraum ab. Dadurch kondensiert der Wasserdampf in diesen Schichten nach dem Prinzip der Nebelbildung: es entsteht Hochnebel. Im Gebirge ist es ein erhebender Moment, wenn wir oberhalb einer solchen Sperrschicht stehen und auf das »Nebelmeer« herabsehen.

Es gibt noch zwei weitere Möglichkeiten der Wolkenbildung, die auch im Gebirge auftreten können – wenngleich ihre Entstehungsgebiete eher die Ozeane sind.

**Tiefdruckbewölkung** Tiefs üben auf Grund ihres erniedrigten Luftdrucks einen Sog auf ihre Umgebung aus. Deshalb strömen die Luftmassen in Tiefdruckgebieten zusammen: sie konvergieren. Das permanente Zusammenströmen zwingt Teile der Luftmassen im Innern des Tiefs zu einem Ausweichmanöver nach oben. Das kollektive Aufsteigen geht über viele Höhenkilometer hinweg, manchmal bis zur Tropopause. So entstehen die vielen Wolken im Zentrum von Tiefdruckgebieten. So werden aus Tiefs Schlechtwettergebiete.

**Frontbewölkung** Durch den Sog ziehen Tiefs oft sehr unterschiedlich temperierte Luftmassen an sich. Es gehört zu den Eigenschaften unserer Atmosphäre, dass die Grenzen zwischen den Luftmassen nicht diffus verlaufen, sondern scharfe Trennlinien bilden. An ihnen konvergiert die Luft, und wie im Zentrum eines Tiefs treten Teile der Luftmassen die Reise nach oben an. Die Luft kondensiert dabei entlang dieser Fronten in Gestalt von mehr oder minder breiten Wolkenbändern.

Das sind die Vorgänge in der Atmosphäre gewesen, die zur Kondensation, zur Wolken- oder Nebelbildung führen. Schauen wir uns nun an, welche Vorgänge uns die ersehnte Wetterbesserung bringen.

Was führt dazu, dass sich Nebel und Wolken in Wohlgefallen auflösen? Es sind die umgekehrten Prozesse, die zur Kondensation führten: Erwärmung oder der Entzug von Wasserdampf.
In der Natur ist der erste Prozess der wirksamste Schönwetterproduzent. Nebel und Wolken lösen sich also in der Regel durch Erwärmung der Luft auf. Gleich kommen wir zu den Situationen, wann und wo dies geschieht. Zunächst aber kurz wieder ein Abstecher in die einfache Physik.

## Wie kann sich Luft erwärmen?

Es gibt prinzipiell drei Möglichkeiten:

- **Luft sinkt ab.** Dabei gerät sie in Luftschichten, wo ein höherer Luftdruck herrscht. Sie wird dadurch zwangsläufig komprimiert. Diese Änderung hat die gleichen Konsequenzen wie der Aufstieg – nur mit umgekehrtem Vorzeichen: auf 100 Höhenmeter erwärmt sich die absteigende Wolkenluft um durchschnittlich 0,6 °C (*feuchtadiabatische* Erwärmung; hängt von der Menge der zu verdunstenden Wolkentröpchen und damit meist vom Temperaturniveau ab: je wärmer, desto mehr Tröpfchen, desto mehr Verdunstungskälte wird produziert, die die Erwärmung natürlich schwächt). Nach einer gewissen Abstiegsstrecke ist die Wolke verdunstet, sozusagen weggeheizt. Im Fall eines weiteren Abstiegs beträgt die Erwärmung von nun an genau 1 °C/100 Höhenmeter (*trockenadiabatische* Erwärmung).
- **Luft erwärmt sich an Ort und Stelle vom Boden her.** Tagsüber erwärmt sich der Boden durch das Sonnenlicht (je nach Bewölkungsgrad mehr oder weniger). Die Erwärmung erfasst durch Strahlungsprozesse, Turbulenz und Thermik im Tagesverlauf nach und nach auch die unteren Luftschichten.
- **Luft driftet über einen wärmeren Untergrund oder mischt sich mit wärmerer Luft.** Wenn frostkalte Luftmassen an einem Wintermorgen zum Beispiel über eine Wasserfläche strömen, erwärmen sie sich rasch.

So viel zu den grundlegenden Gesetzen. Nun überlegen wir uns Folgendes: **In welchen Situationen kommt es zur Erwärmung von Nebel- und Wolkenluft im Gebirge und damit zu ihrer Auflösung?**

(1) **Nebel** *(Strahlungsnebel)* Am Morgen scheint die Sonne auf den Talnebel. Sie kann ihn anfangs nicht mit ihren Strahlen durchdringen, sorgt aber für etwas mehr Licht auch am Boden. So erwärmt sich der Boden zögernd, und mit der Erwärmung steigt die Aufnahmefähigkeit der Luft für Wasserdampf. Die Luft ist nun nicht mehr wasserdampfgesättigt. Immer

mehr Tröpfchen verdunsten, der Nebel löst sich vom Talboden her auf. Jetzt dringen auch die Strahlen bis zum Boden vor und der Auflösungsprozess beschleunigt sich. Südhänge sind zuerst vom Nebel befreit, Nordhänge zuletzt.
Nach dem, was wir gerade zu den physikalischen Möglichkeiten der Erwärmung festgestellt haben, können wir uns auch andere Mechanismen der Nebelauflösung vorstellen.
Ein wirksamer Nebel»vernichter« ist neben der Sonne auch der Wind. Er bewirkt, dass sich die Luftmassen durchmischen: die feuchte Nebelluft mit der trockeneren Luft darüber. Die neue Mischluft hat nicht mehr die hohe Luftfeuchtigkeit des Nebels. Die Relativwerte der Luftfeuchtigkeit sinken also unter 100% – der Nebel löst sich auf. Auffrischende Winde sind oft ein Zeichen dafür, dass sich ein Tiefdruckgebiet nähert. Löst sich also der Talnebel durch zunehmenden Wind auf, müssen wir mit Wetterverschlechterung rechnen. Das gilt meist auch für den Fall, wenn auflebender Föhn für den Wind verantwortlich ist. Denn der Föhn, besonders der Südföhn, ist ja der Beginn vom Ende einer Schönwetterperiode.
Schließlich kann sich Nebel auch auflösen, wenn ihn eine Luftströmung über einen wärmeren Untergrund trägt. Das kennen wir von den Herbstnebeln, die wir eher in Ufernähe eines Sees sehen als auf dem See selbst, wo sie durch die Wärme des Wassers der Auflösung preisgegeben sind.

## (2) Wolken

**Das Ende der Staubewölkung: die Föhnmauer** Dieser Wolkentyp löst sich beim Überschreiten eines Berges oder eines Gebirgskammes sofort wieder auf (während er auf der Luvseite ständig neu entsteht). Denn hinter dem Hindernis fällt die Luftströmung herab. Dabei verdunsten die Wolkentröpfchen durch den adiabatischen Erwärmungsprozess. Eine gewisse Zeit braucht es allerdings schon, bis das letzte Tröpfchen verdunstet ist. Befinden wir uns in dem Tal, in das die Luft herabsteigt, können wir oft beobachten, wie ein kompakter Wolkenwulst über dem Kamm steht und ihn zum Teil einhüllt, und zu unserer Seite noch etwas herabhängt. Man nennt diese Erscheinung die *Föhnmauer*, manchmal

Der Passat treibt die Wolken einer feuchten Meeresluftmasse über einen Bergkamm auf der Kanareninsel La Palma. Dabei verhindert die in der Höhe sehr trockene Passatluft das vertikale Wolkenwachstum – deshalb die scharfe Begrenzung nach oben. Hinter dem Kamm sinken sie in Form eines Wolkenwasserfalls ab und lösen sich nach dem Föhnprinzip rasch auf.

hört man auch den Begriff *Wolkenwasserfall*. Solch ein Phänomen kann man nur beobachten, wenn man sich in der klaren Föhn- oder Höhenluft befindet. Föhnmauern bilden sich häufig am Hauptkamm eines Gebirges aus. Bei südlichen Winden zum Beispiel herrscht in den Alpen nördlich der Hohen Tauern Föhn. Während die dichte Staubewölkung den Gebirgskamm einhüllt, ist es nordseitig, im Pinzgau, oft schön sonnig. Man weiß dort auch ohne Wetterbericht, dass Föhn herrscht – die Föhnmauer im Süden zeigt es.
Hört der Luftmassenstrom gegen ein Gebirge auf oder strömen trockenere Luftmassen heran, löst sich die gesamte Staubewölkung auf, das Wetter wird schön. Auf der Leeseite des Gebirges endet das Föhnwetter.

**Das Ende eines schönen Sommertages: Thermikwolken (Cumuluswolken) fallen in sich zusammen** Am Abend heizt der Boden nicht mehr, und damit endet auch die Auftriebskraft in der Atmosphäre, die die Luft besonders in den unteren Luftschichten aufsteigen und kondensieren ließ. Die Quellwolken mischen sich nun rasch mit der trockeneren Außenluft und die Wolkentröpfchen verdunsten. Wir beobachten, wie die prachtvollen Wolkentürme des Tages zum Abend hin schrumpfen. Man sagt, sie »fallen zusammen«. Bald haben sie sich ganz aufgelöst. Auch die lokalen Schauer und Gewitter, die im Frühjahr und Sommer entstehen, sind ein Produkt der Thermik. Sie ereilt dasselbe Schicksal.
Da das abendliche Erlöschen von Thermik und anderen Luftbewegungen typisch für stabile Schönwetterperioden ist, gilt die Wetterregel: Lösen sich Schauer, Gewitter und Cumuluswolken am Abend auf, so scheint morgen früh wieder die Sonne.

**Abflauende Winde lösen Turbulenzwolken auf** Ein kräftiger Luftstrom erzeugt die Turbulenzwolken, durch nachlassende Winde lösen sie sich folglich wieder auf. Eine durchgreifende Wetterbesserung ist deswegen aber noch nicht zwingend. Dafür wäre eine gleichzeitige Abtrocknung der Luftmassen Voraussetzung, wie es für die Annäherung von Hochdruckgebieten typisch ist.

**Gegen Hochnebel (Stratus) hilft nur ein trockener Wind** Im Unterschied zum Nebel vermag die Sonne nicht viel zur Hochnebelauflösung beizutragen. Die einzige Chance, dass sich Hochnebel auflöst, ist ein stärkerer Wind, am besten im Verein mit trockeneren Luftmassen. Nur durch den Wind mischt sich die feuchte Inversionsluft mit der oft knochentrockenen Luft darüber und trocknet so aus. Die Zufuhr von Festlandsluft, oder auch auflebender Föhn, haben die gleiche Wirkung.

Das Dachstein-Massiv als Insel im Wolkenmeer. Eine neue Schönwetterperiode macht sich zuerst im Hochgebirge bemerkbar, wo die Erwärmung und Abtrocknung der Luft beginnt. Erst später lösen sich die tiefen Wolken auf, und die Sonne zeigt sich nun auch in den Tälern.

**Tiefdruck- und Frontwolken geraten bei steigendem Luftdruck »unter Druck«** Die oft ausgedehnten und kompakten Wolkenschichten der Tiefs lösen sich nicht so rasch auf wie Nebel oder Cumuluswolken. Entscheidend für eine Wetterbesserung ist die Luftdrucktendenz. Steigt der Luftdruck über Tage hinweg, kommt ein Hoch, das das Tief auflöst oder wegschieben wird. Mit dem Hoch setzt sich erst in höheren Luftschichten, dann auch im unteren Wolkenstockwerk eine absinkende Luftbewegung durch. Dieses Absinken darf man sich nicht so wirkungsvoll vorstellen wie hinter einem Gebirgskamm bei Föhn oder zwischen zwei Cumuluswolken. Hier geht es um ein langsames Absinken in der Größenordnung von Zentimetern pro Sekunde. Dafür erfasst es aber einen Großteil der Troposphäre.
Das Ergebnis kann sich sprichwörtlich sehen lassen: die trockenadiabatische Erwärmung und Abtrocknung breiter Luftschichten löst die Wolkenpakete des Tiefs auf. Erst verschwinden die hohen Schichtwolken, zuletzt die niedrigen Wolkenschichten.
Beobachten wir also, wie sich allmählich das schöne Wetter von oben nach unten durchsetzt, ist dies ein eindeutiges Wetterzeichen: Es kommt eine länger anhaltende Schönwetterperiode! Wetterkundige Tourengeher warten im bewölkten Tal nicht auf die Wetterbesserung, sie gehen ihr entgegen – ins Hochgebirge, wo die Sonne bereits auf sie wartet!

## Vom Stratus zum Cumulonimbus – die Vielfalt der Wolkenarten im Gebirge

So faszinierend eine Berglandschaft auch ist – ihre wahre Schönheit offenbart sie uns erst, wenn sie sich unter einem ebenso eindrucksvollen Himmel vor uns ausbreitet. Das Montblanc-Massiv vor einem rosaroten Morgenhimmel, die imposanten Blumenkohlwolken über den Hohen Tauern! Es sind diese Bilder, die die Bergtour zu einem unauslöschlichen Erlebnis machen.

Ungeachtet der großen Ästhetik, die von einer Wolkenlandschaft ausgehen kann, verdient sie auch aus praktischen Gründen besondere Beachtung. Ein Unwetter kommt nie »wie aus heiterem Himmel«, schon Stunden, manchmal Tage vorher weisen bestimmte Wolkenarten auf die Gefahr hin. Und wenn wir zum Beispiel vom Tal aus, über dem der Hochnebel (Stratus) die Hänge verhüllt, die Wolkenart richtig zu deuten wissen, können wir uns leicht »ausrechnen«, dass sich trotz der trüben Aussicht der Aufstieg lohnt, weil die Almhütte als Ziel unserer geplanten Tour in der Sonne über dem Nebelmeer liegt.
Bei den verschiedenen Wolkenarten lassen sich zunächst ganz einfach zwei Kategorien der Wolkenform unterscheiden: Schichtwolken und Haufenwolken.

### Schichtwolken (stratiforme Wolken)

Die schichtförmig aufgebauten Wolkenarten nehmen oft große Teile des Himmels ein, manchmal beherrschen sie das Himmelsbild über Hunderte von Kilometern hinweg. Zuweilen hüllen sie einheitlich ab einer bestimmten Höhe die höchsten Gipfel ein oder sie füllen als sehr niedrige, flache Schichtwolken mit einer einheitlichen Obergrenze die Tal- und Beckenlandschaften aus. Ihr gleichförmiges Aussehen verdanken sie großräumigen und langsamen Abkühlungsvorgängen in der Atmosphäre. Sie stehen mit Ausnahme des Hochnebels in der Regel mit Tiefdrucksystemen in Verbindung. Ihr (einziger) Vorzug: Wetteränderungen kündigen sie lang genug vorher an – sie sind sehr brauchbare Wetterkünder.

### Haufenwolken (Quellwolken, cumuliforme Wolken)

Die vertikal aufgebauten Wolkenarten treten stets isoliert auf. Auch wenn sie sich zusammenschließen, kann man die einzelnen Individuen noch gut voneinander unterscheiden. Typischer Vertreter ist die hochquellende Blumenkohlwolke, die sich manchmal zur Gewitterwolke weiterentwickelt. Ihre Entstehung verdanken sie raschen, oft turbulent erfolgenden Abkühlungsvorgängen in der Atmosphäre. Ursache ist das Emporstrudeln von Warmluft (Konvektion). Das geschieht meist durch Thermik, kann aber auch durch die Höhenwinde angeregt werden, und zwar wenn sie kältere Luftmassen herantransportieren (während es unten noch warm ist).
Haufenwolken bilden sich viel schneller als Schichtwolken, und man muss sie aufmerksam beobachten, um nicht Überraschungen zu erleben. Zum Glück können sie auch ebenso schnell wieder verschwinden und so für einen unerwartet schönen Ausklang eines bewölkten Tages sorgen.

## Die internationale Wolkensystematik

Nach der Höhe der Wolkenbasis unterscheidet man drei verschiedene Wolkenstockwerke. Für die mittleren Breiten gilt:

*Niedrige Wolken:* unterhalb 2000 m Höhe
*Mittelhohe Wolken:* zwischen 2000 und 7000 m Höhe
*Hohe Wolken:* oberhalb 7000 m.

Diese Einteilung in Stockwerke machte man auf Grund der Erfahrung, dass jeder Höhenbereich in der Troposphäre seine »eigenen« Wolken hat, die sich in charakteristischer Weise von den anderen unterscheiden. Unten entstehen viele Quellwolken, im mittleren Stockwerk eher Schichtwolken, die sich aus einer Mischung aus Wassertröpfchen und Eiskristallen zusammensetzen. Die obere Etage schließlich bleibt den reinen, auch meist schichtförmigen Eiswolken vorbehalten.
In der Systematik der Wolkentypen werden lateinische Fachbegriffe verwendet:

| Niedrige Wolken | Mittelhohe Wolken | Hohe Wolken |
|---|---|---|
| Cumulus (Cu)<br>Cumulonimbus (Cb)<br>Stratocumulus (Sc)<br>Stratus (St) | Altocumulus (Ac)<br>Altostratus (As)<br>Nimbostratus (Ns) | Cirrocumulus (Cc)<br>Cirrus (Ci)<br>Cirrostratus (Cs) |

## Entstehung und Bedeutung der Wolken

### Cumulus

Die klassische Haufenwolke. Sie hat eine gerundete Form und eine je nach Wolkenhöhe mehr oder minder dunkle Unterseite, die horizontal verläuft. Sie bildet sich in kleinen Formen durch Schönwetterthermik oder durch Turbulenzen im Gipfelbereich. Bei hochreichender Konvektion wird sie zum Wolkenturm *(Cumulus congestus)* oder in Gesellschaft Gleichgesinnter zum »Wolkengebirge« und ist dann oft Vorläufer von Schauern und Gewittern.
Die Haufenwolke kann Höhen erreichen, in denen die Temperatur weit unter 0 °C sinkt. Dort verwandelt sich das Wasser in Eiskristalle: die hochreichende Schauer- und Gewitterwolke Cumulonimbus entsteht.

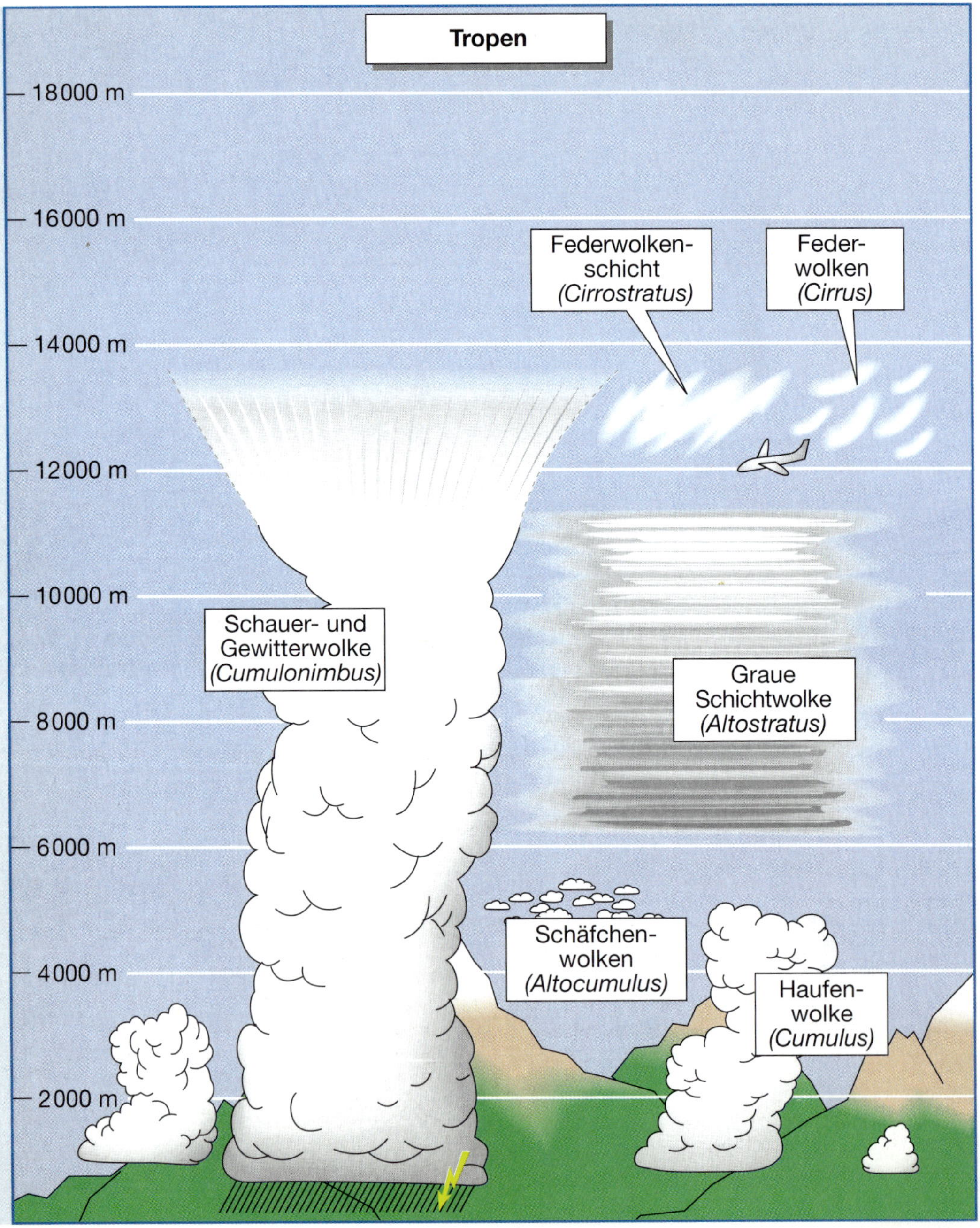


**Die Struktur und Höhenlage der verschiedenen Wolkenarten.** Im Unterschied zu den höheren Breiten beherrschen in den Tropen (oben) die Quellwolken das ganze Jahr über das Himmelsbild; dort reichen die Wolken auch viel höher hinauf als bei uns (rechts).

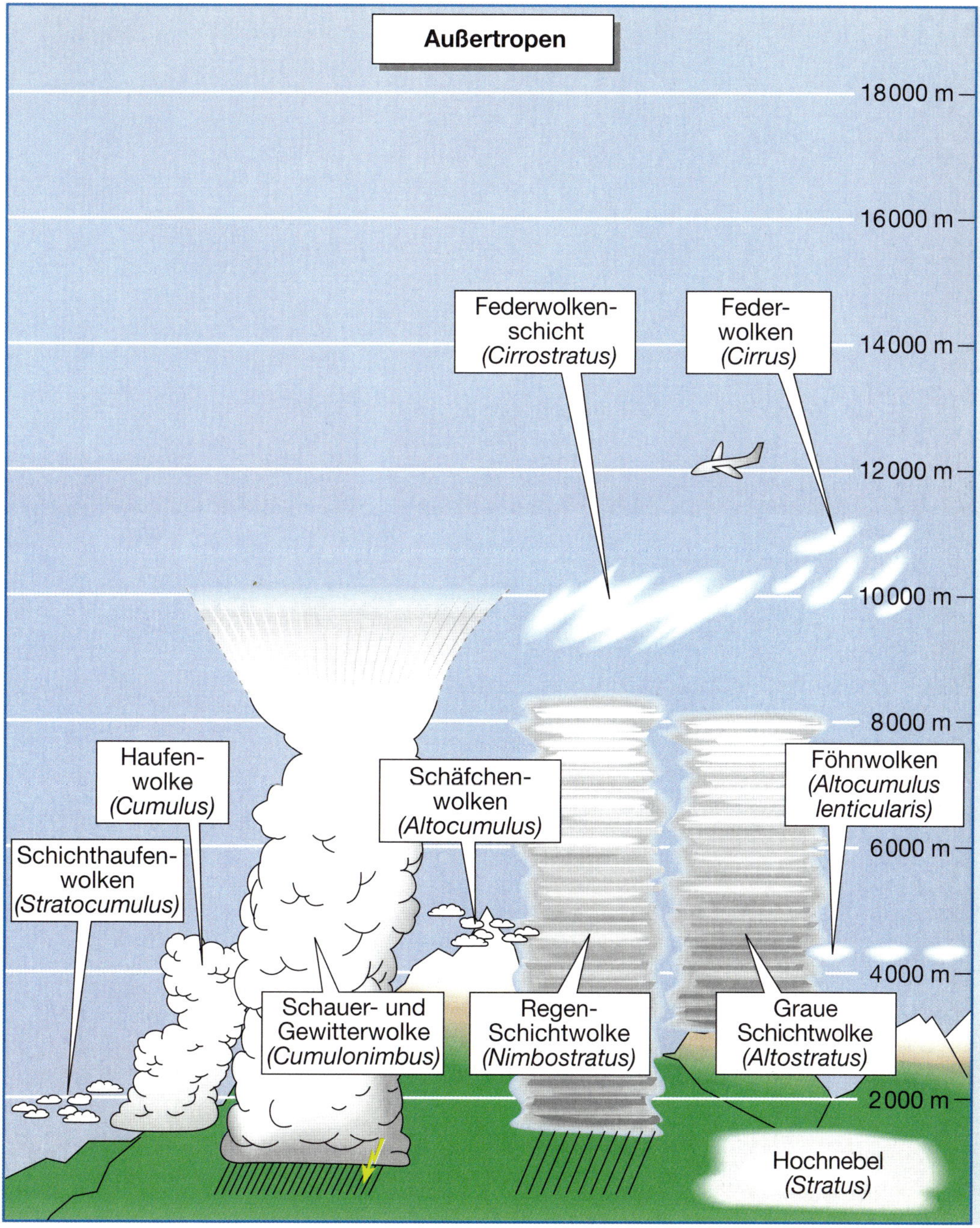
Außertropen
18000 m
16000 m
14000 m
12000 m
10000 m
8000 m
6000 m
4000 m
2000 m
Federwolken-schicht (Cirrostratus)
Feder-wolken (Cirrus)
Haufen-wolke (Cumulus)
Schäfchen-wolken (Altocumulus)
Föhnwolken (Altocumulus lenticularis)
Schichthaufen-wolken (Stratocumulus)
Schauer- und Gewitterwolke (Cumulonimbus)
Regen-Schichtwolke (Nimbostratus)
Graue Schichtwolke (Altostratus)
Hochnebel (Stratus)

Schließen sich die Türme der hochreichenden Quellwolken (Cumulus congestus) zu einem »Wolkengebirge« wie hier im Bild zusammen, dauert es oft nicht mehr lange, bis eine Gewitterwolke (Cumulonimbus) entsteht.

Oben rechts: Eine hochreichende Cumuluswolke (Cumulus congestus), die im Gegenlicht recht bedrohlich erscheint. Jetzt heißt es aufpassen. In kaum mehr als 10 Minuten kann sie sich zu einer Schauer- und Gewitterwolke (Cumulonimbus) weiterentwickelt haben.

## Cumulonimbus

Die imposanteste aber auch gefährlichste Wolke, die einem im Gebirge begegnen kann. Sie erstreckt sich mindestens 6 Kilometer in die Höhe, in den Tropen bis zu 16 Kilometer! Sie schluckt fast alles Sonnenlicht, deshalb kann es unter ihr schwarz wie die Nacht werden. Andererseits sieht sie auf der sonnenbeschienenen Seite sehr hell, fast grell aus. Ihre Form ähnelt einem gigantischen Blumenkohl. Im Kopfbereich verliert die Wolke ihre scharfen Umrisse und dehnt sich als grau-weiße Schleierwolke in die Breite aus. Manchmal hat der Kopf die Form eines Ambosses *(Cumulonimbus incus).*

Ein unerfahrener Beobachter sieht in diesem oft weiß erscheinenden Wolkengebirge keine Gefahr. Viele Bergunfälle im Zusammenhang mit Gewittern (durch Sturmböen, Hagel, Blitzschlag, Muren, Hochwasser) wären vermeidbar, wenn die Betroffenen rechtzeitig genug eine Schutzhütte aufgesucht hätten. Dass sie es nicht taten, liegt an dem optischen »Täuschungsmanöver« der Wolke mit dem vermeintlich friedfertigen Antlitz. Leider erleben wir es häufig, dass die Atmosphäre vor heftigen Unwettern von starkem Dunst erfüllt ist. Dieser Dunst erlaubt keine klare Identifikation des Wolkentyps und wirkt zusammen mit dem Sonnenlicht als künstlicher Aufheller, der auch die schwärzeste Wolkenwand zu kaschieren vermag. Der Leser möge sich auf diesen Seiten selbst einen Eindruck davon verschaffen, wie verschieden und dabei auch harmlos diese Wolke aussehen kann.

## Stratocumulus

Flache Wolken mit runder Struktur. Sie sehen aus wie Cumuluswolken, denen schon in den ersten Minuten des Aufstiegs die Luft ausgegangen ist. Dafür wachsen sie eher in die Breite. Nicht selten schließen sie sich zu Wolkenfeldern zusammen.

Stratocumuli sind eigentlich Cumuli, die sich bei sehr schwacher Thermik entwickeln. Ihre relativ flache Oberseite rührt von einer Inversion (Sperrschicht) her, an die sie mit ihren Köpfen anstoßen. Sie ziehen es deshalb vor, sich horizontal auszubreiten. Im Winter können schwache Schneeschauer aus ihnen fallen. Im Sommer sind flache Stratocumulus-Wolkenbänke bei Sonnenuntergang ein Zeichen beständigen Hochdruckwetters.

Eine Gewitterwolke (Cumulonimbus) zeigt sich mit ihrem charakteristischen Amboss in der Ferne. Dieses Wärmegewitter tobte sich über den Alpen aus, während am Aufnahmeort im Alpenvorland (Weilheim i. Obb.) schönstes Wetter herrschte.

Trotz guter Thermik sehen wir nur flache Cumuli, die mehr in die Breite als in die Höhe zu wachsen scheinen (Stratocumulus). Eine unsichtbare Sperrschicht (Inversion) hindert sie am Höhenwachstum.

Manchmal schichtet der starke Höhenwind die Föhnwolken zu einem Stapel dünner Linsen auf (Altocumulus lenticularis duplicatus). Ein unvergesslicher Anblick, wenn dann die Abendsonne dieses Wolkengebilde zum Erglühen bringt, wie hier im Föhn der gebirgigen Mittelmeerinsel Korsika.

## Stratus

Tiefe Schichtwolke, über die im Gebirge oft einige Berge als »Inseln im Wolkenmeer« hinausragen. Von unten erscheint sie uns so diffus und einheitlich wie Nebel. Wir bezeichnen diese Wolke als Hochnebel. Doch nicht immer entsteht sie dadurch, dass sich der Nebel unten auflöst und oben bestehen bleibt. Stratus kann auch in der Luft an Inversionen durch Wärmeausstrahlung entstehen, quasi »über Nacht«.

Beiden Typen gemeinsam ist die spezielle Großwetterlage. Die Wetterkarte zeigt die Region am Rande eines Hochs, dabei ist die Luft in den unteren Schichten noch feucht und kühl, oben aber trocken und mild (Inversionswetterlage).

Während das Wetter im Tal kühl, trüb und dunstig ist, scheint über der Wolkenschicht in der relativ warmen und trockenen Luft die Sonne. Stratus gilt unter Kennern der »Wolkenszene« als Geheimtip für herrlichstes Tourenwetter im Hochgebirge (s. Bild Seite 1 und 95).

## Altocumulus

Kleine Wolkenballen, die sich fast immer zu einer größeren Schicht vereinigen. Ihrer grauweißen Tönung und der vorherrschend runden, flauschigflockigen Struktur verdanken sie ihre volkstümliche Bezeichnung: Schäfchenwolken.

Altocumuli enstehen ähnlich wie Stratocumuli durch schwache Thermik in einer dünnen Schicht. Sie werden oft am Rande eines Tiefs in relativ warmer Luft beobachtet.

Ziehen sie schnell, so ist das kein gutes Wetterzeichen. Wandeln sie sich mehr und mehr in fischartige Wolken um, die am Rande glatt zugeschliffen sind und platt wie ein Flunder, deutet sich zumindest kurzfristig ein Trend zu mehr Sonne an: wir erkennen in ihnen die *Altocumulus lenticularis*-Wolke, die klassische Föhnwolke (s. Bild Seite 57). Im Windschatten der Rocky Mountains ist sie vom starken Höhenwind so perfekt zugeschliffen, dass sie das Aussehen einer Untertasse hat. Die meisten »Ufo«-Beobachtungen in den USA stammen aus dieser Region.

Im Sommer entstehen am Ende einer Schönwetterperiode oft Gewitter. Sie kündigen sich durch einen speziellen Wolkentyp an, die *Altocumulus castellanus-* und die *Altocumulus floccus-*Wolke. Wir erkennen sie an den kleinen, türmchenartigen Quellungen, die aus dem Altocumulus herauswachsen und die an die Zinnen einer Burgmauer erinnern, oder auch daran, dass sie eine zerrissene, zerflockte Struktur aufweisen. Mit einer Schäfchenwolke hat diese Form kaum noch etwas zu tun. Wir sollten bei einer solchen Entwicklung eher an den Wolf im Schafspelz denken, denn oft ziehen noch am selben Tag Unwetter heran.

Eine Vielzahl kleiner, weißer Wolkenballen: die Schäfchenwolke (Altocumulus).

**Altostratus**

Hellgraue Schichtwolke von gleichförmigem Aussehen. Da sie im oberen Bereich aus Eiskristallen besteht, die für das Sonnenlicht durchlässig sind, kann man manchmal die Sonnenscheibe noch schwach wie durch ein Milchglas hindurch erkennen. Altostratus gehört zu den ausgedehnten Schichtwolken einer Warmfront (s. auch Seite 39).

Die hohen Wolken haben sich zu einer grauen, ausgedehnten Schichtwolke verdichtet (Altostratus). Noch ist es trocken, aber schon bald folgt der nächste Akt in diesem Warmfront-Drama: die Dauerregenwolke Nimbostratus (s. Bild Seite 32 oben).

Der triste Höhepunkt einer Warmfrontpassage im Vernagttal, Ötztaler Alpen. Die graue Regenwolke Nimbostratus hüllt die Berggipfel ein, kleinere Fetzenwolken (Stratus fractus) reichen bis ins Tal. Wetterbesserung ist bei einer solchen Wetterlage frühestens am nächsten Tag zu erwarten.

Sie ist deshalb ein Schlechtwetterzeichen. Das Aufziehen und Dichterwerden der Wolke kündigt anhaltende Regen- und Schneefälle an. Verantwortlich für die Niederschläge ist der nächste Wolkentyp.

**Nimbostratus**

Dunkelgraue Schichtwolke, aus der es anhaltend regnet oder schneit. Die klassische Schlechtwetterwolke also. In der sehr feuchten Atmosphäre unterhalb der Wolke entstehen kurzzeitig immer wieder Wolkenfetzen, die der gesamten Wolkenmasse etwas Struktur geben, die sogenannten *Stratus fractus*-Wolken. Die Berge stecken aufgrund der niedrigen Wolkenbasis und der noch tieferen Tochterwolken stets in Wolken. Diese Wolkenart ist hartnäckig und gibt die Berge nur sehr langsam wieder frei.
Wenn wir also am Morgen den Himmel mit Nimbostratus überzogen sehen, sollten wir den Tag im Tal verbringen. Bett, Bar, oder ein Kulturbummel im Städtchen – alles ist jetzt sinnvoller als ein Aufstieg.

Die Schäfchenwolken des obersten Wolkenstockwerks bestehen aus feinen Eiskristallen. Der Cirrocumulus ist eine seltene Wolkenart und erscheint manchmal am Rand einer Warmfront.

## Cirrocumulus

Feine, hohe Schäfchenwolken aus Eiskristallen, oft in Bänken organisiert. Die Eiskristalle lassen das Sonnenlicht fast vollkommen passieren, deshalb erscheinen die Cirrocumuli ganz weiß. Sie treten manchmal am Rande vorbeiziehender Tiefdruckgebiete auf, sind aber nur dann ein Schlechtwetterzeichen, wenn sie sichtbar ziehen. Grund: Eine Bewegung aus der großen Entfernung (8 bis 12 Kilometer) erkennen zu können, setzt eine hohe Geschwindigkeit des Höhenwindes voraus. Und starke Höhenwinde (Jet-Stream) sind die Produzenten und Spediteure der Tiefs.

## Cirrus

Feine, weiße Wolken in großer Höhe, die aus Eisnadeln bestehen. Der starke Höhenwind gibt ihnen eine streifige, diffuse Struktur und sie haben oft einen seidenartigen Glanz. Manchmal gleichen sie Vogelfedern. Im Volksmund werden sie deshalb auch *Schleierwolken* oder *Federwolken* genannt. Cirren sind wie die Cumuluswolken Universalphänomene. Im Hinblick auf die Großwetterlage tanzen sie auf vielen Hochzeiten. Wir finden sie im Zentrum eines Schönwetterhochs genauso wie im Bereich von Tiefdruckfronten, wo sie den Beginn eines Warmfront-Wolkenaufzuges markieren. Wichtig für unsere eigene Wetterprognose ist, dass wir auf ihre Bewegung und den Trend im Bewölkungsbild achten. Dabei gilt: Stehen die Cirren an Ort und Stelle fest, bleibt es noch länger schön. Ziehen sie aber schnell und verdichten sich dabei, gibt es wahrscheinlich Schlechtwetter. Der Blick auf

Federwolken am Himmel sind keinesfalls ein Schlechtwetterzeichen, wenn sie, wie in der Aufnahme, nur vereinzelt und ungeordnet am Himmel erscheinen. Diese Cirruswolke zeigte sich im Zentrum eines stabilen Hochdruckgebiets.

Der Wetterkundige ahnt es schon: So freundlich, wie dieser Tag in den Bergen des österreichischen Salzkammerguts begann, ging er nicht zu Ende. Die hohen Federwolken verdichteten sich rasch zu Cirrostratus und am Abend begann es anhaltend zu regnen.

das Barometer hilft im Zweifelsfall: anhaltender Luftdruckfall signalisiert Wetterverschlechterung. In diesem Fall verdichtet sich der Cirrus zu einem eigenen Wolkentyp. Ihm widmen wir uns im Folgenden.

**Cirrostratus**

Dünne Eiswolkenschicht, die einen Großteil des Himmels einnimmt. Sie lässt das Sonnenlicht hindurch, und ist nahe der Sonnenscheibe sehr grell. Der Rand der Scheibe ist dadurch nicht mehr klar auszumachen. Die Sonne als großer weißer Lichtfleck: im Volksmund heißt es, die Sonne hat einen *Hof*.

Durch Lichtbrechung an den feinen Eiskristallen entsteht manchmal ein regenbogenfarbiger Ring um die Sonne. Ein weiteres Cirrostratus-Kennzeichen sind Brechungserscheinungen in Form heller, zuweilen farbiger Lichtflecken rechts und links von der Sonne *(»Nebensonnen«)*. Beide optischen Phänomene sind in der Meteorologie als *Halo*-Phänomene bekannt (s. auch Seite 130).

Da der Cirrostratus fast immer eine Wetterverschlechterung einleitet (im Vorfeld von Altostratus und Nimbostratus), gilt der Halo als eines der eindeutigsten und damit brauchbarsten Wetterzeichen. Im Unterschied zum Altocumulus castellanus, dem rasch Gewitter folgen, zeichnet sich die Wetterverschlechterung des Cirrostratus durch ein gemächlicheres Tempo aus. Ein Halo am Morgen lässt zwar nicht mehr viel Sonne für den Tag erwarten – doch so rasch werden wir auch nicht in ein Regenwetter geraten. Eine kleine Bergtour bis zum Nachmittag ist allemal noch drin.

# Die Bildung von Regen und Schnee

Wie wir gerade bei der Wolkensystematik sahen, haben lateinische Begriffe in der Wetterkunde eine besondere Bedeutung. Früher fanden aber auch viele griechische Begriffe Anwendung. So leitet sich der Name der Wissenschaft vom Wetter, die Meteorologie, von der griechischen Bezeichnung für den Niederschlag, *meteoron,* ab. Noch in den Frühzeiten der Wetterkunde fasste man alle Niederschläge wie Regen, Schnee oder Hagel unter dem Begriff *Meteore* zusammen (heute verwenden wir dieses Wort für »Niederschläge« mit weitaus größerer Durchschlagskraft).
Auch heute beschränkt sich bei den Menschen, die nicht so viel Anteil an der Natur und dem Wettergeschehen nehmen, das Interesse am Wetter auf die Frage: Gibt es Regen – oder nicht?
Dass bei der Niederschlagsbildung komplexe physikalische Prozesse ablaufen, wissen nur wenige.

## Gefrierkerne als Geburtshelfer der Niederschläge

In unserer Klimazone benötigt die Atmosphäre gefrorene Wolkentröpfchen, um Niederschläge zu produzieren. Deshalb erleben wir Regen oder Schnee nur aus hochreichenden Wolken: Schauer- und Gewitterwolken (Cumulonimbus) oder mächtige Schichtwolken (Nimbostratus).
Manchmal kann man direkt zuschauen, wie sich Niederschlag bildet. Zum Beispiel unter einer isolierten Gewitterwolke im Sommer. Die Wolke wächst als riesiger Blumenkohl in die Höhe. Sie gebärt Tochterwolken, die

Hochreichende Quellwolken (Cumulus congestus), entstanden durch die Thermik über den besonnten Gebirgshängen. Erreichen die Wolken im Verlauf ihres Wachstums frostige Sphären von minus 20 bis minus 30 °C, vereisen sie und wandeln sich so in eine Schauer- und Gewitterwolke um (Cumulonimbus).

ebenfalls emporquellen. Bald entsteht ein Gebirge aus Quellwolken – doch von Regen keine Spur.

Dann sehen wir, wie mit einem Mal die Wolkenköpfe zu zerfasern beginnen. Ein Zeichen, dass die Wolkentröpfchen, die der Wolke bisher die scharfen Umrisse verliehen, zu Eis gefrieren. Und nun überschlagen sich förmlich die Wetterereignisse.

Die oberen Quellungen der Wolken erstarren sichtbar zu Eis, und die Eismasse breitet sich horizontal als eine Art Flachdach über der gigantischen Thermiksäule aus (vgl. Bild Seite 29). Zugleich senkt sich ein diffuser Vorhang aus der Wolkenbasis herab: der Platzregen beginnt. Bei einem Gewitter setzen mit dem Regen schlagartig auch die elektrischen Entladungen ein: Donner wird hörbar. Die Ursache für die plötzlich einsetzende Bildung von Regen und Schnee sind winzigste gefrorene Tröpfchen, die sogenannten Eiskerne oder Gefrierkerne. Oft sind es unterkühlte Wolkentröpfchen, manchmal auch Staubteilchen oder Seesalzpartikel, die bei Temperaturen unter minus 20 bis minus 30 °C vermehrt zu gefrieren beginnen. Bei der heftigen Aufwärtsbewegung in den Wolkentürmen gefrieren somit rasch sehr viele Tröpfchen zu Eis.

Das Eis hat nun die Eigenschaft, restliche, noch nicht gefrorene Wolkentröpfchen rasch an sich zu binden. Die Eisbildung in den Wolken beschleunigt sich dadurch und die größer und schwerer gewordenen Eispartikel sinken ab. Bei ihrem Abstieg reißen sie weitere Wolkentröpfchen mit und werden schwerer und schwerer: Der Niederschlag ist da. In Höhen von etwa 200 bis 400 Metern unterhalb der Nullgradgrenze gehen die Eiskristalle (Schnee) in Regen über. In Quellwolken mit sehr starken Aufwinden gefrieren extrem viele Tröpfchen an den Eiskernen: Graupel und Hagel entsteht.

In den inneren Tropen gibt es noch eine andere Möglichkeit der Regenbildung. Hier steckt soviel Feuchtigkeit in der Luft, dass die Wolken aus extrem viel Wassertröpfchen bestehen. Da reicht schon das Zusammenstoßen und Verschmelzen von Wolkentröpfchen, dass ein schwerer Tropfen entsteht, der aufgrund seiner Trägheit rasch mit neuen Tröpfchen kollidiert und dann bald als Regen aus der Wolke fällt. In den feucht-warmen Klimaten bedarf es also nicht der Eisphase, damit Niederschlag entsteht. Wer einmal Schauer in einem tropischen Gebirge erlebt hat, weiß, dass auch aus kleineren Wolken ein kräftiger Schauer niedergehen kann.

Regen und Schnee sind also das Ergebnis einer atmosphärischen Kettenreaktion. Dabei gilt: je stärker die Aufwärtsbewegung in der Wolke, desto heftiger der Niederschlag. Deshalb ist Schauer- und Gewitterniederschlag aus Quellwolken oft recht Kräftig und beginnt abrupt, während es die Regenschichtwolke Nimbostratus gemächlicher anlaufen lässt.

# Die Dynamik des Wetters

Wie Tiefs Schlechtwetter produzieren und Hochs gutes Wetter, haben wir bereits verstanden: Abkühlung und Wolkenbildung durch aufsteigende Luft im Tief, Erwärmung und Abtrocknung durch absinkende Luft im Hoch. Und was wir als Wind spüren, ist nichts anderes als die Ausgleichsbewegung vom Druckdefizit (Tief) zum Drucküberschuss (Hoch).
Doch was erzeugt die Luftdruckgebilde und was hält sie am Leben? Müsste der Wind nicht rasch das Defizit auffüllen und den Überschuss abbauen können? Dass dies nicht so ist, hat zwei Gründe.
Einmal vereiteln die von der Coriolis-Kraft (Einfluss der Erdrotation) aufgezwungenen spiralförmigen Bahnen der Luftströmungen von Hoch zu Tief den angestrebten Ausgleich. Zum anderen gibt es für uns unsichtbare Vorgänge in der Atmosphäre, die versuchen, den Luftdruckgegensatz aufrecht zu erhalten. Es sind die starken Winde in den höheren Luftschichten, die *Jet-Streams.* Sie sind die eigentlichen »Drahtzieher« im atmosphärischen Geschehen. Sie lassen Hochs und Tiefs entstehen und wieder vergehen.

## Hochs und Tiefs

Das, was man gemeinhin unter Hoch und Tief versteht, nennt der Meteorologe »dynamische« Luftdruckgebilde. Es sind die Hoch- und Tiefdruckgebiete, die sich verlagern können und zuweilen recht rasch reisen. Vor allem in unseren mittleren Breiten sind sie zu Hause und sorgen hier für den typisch wechselhaften Witterungscharakter.
Allen gemeinsam ist, dass sie durch dynamische Vorgänge in der höheren Troposphäre erzeugt und gesteuert werden. Gemeint sind damit die raschen und turbulenten Luftbewegungen in der stürmischen Westwindzone oberhalb rund 5 Kilometer Höhe. Ein besonders effektiver Produzent und Lieferant unserer Hochs und Tiefs ist der Jet-Stream, zu deutsch Strahlstrom. Es ist der Kern der hohen Westwinddüse. Hier werden am laufenden Band Tiefs und Hochs produziert. Und das geht so: Luft wird auf bestimmten Streckenabschnitten des Jets auseinandergerissen, als Resultat fällt am Boden der Druck: fertig ist das junge Tief. An anderen Streckenabschnitten kommt zuviel Luft zusammen, darunter steigt der Luftdruck: fertig ist das junge Hoch. Die Sprösslinge werden auf die Reise geschickt. Mal nach Norden, mal nach Süden, meistens aber nach Osten.

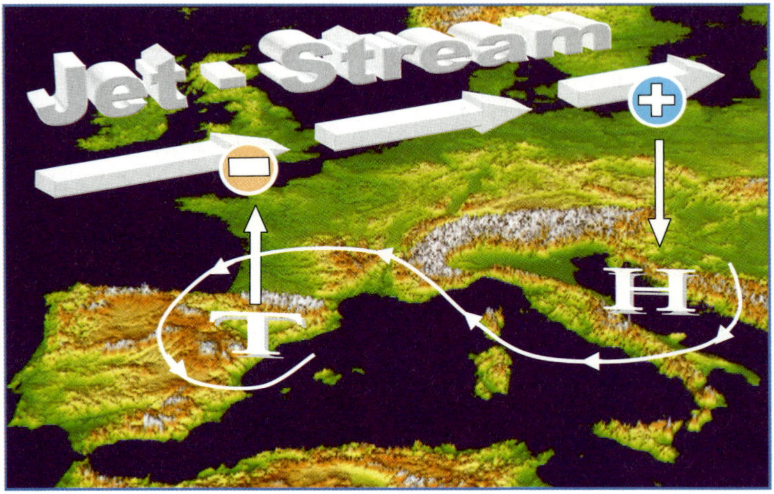


**Die Entstehung der Hochs und Tiefs der gemäßigten Breiten.** Eine Zone starker Höhenwinde findet sich oft in der höheren Troposphäre oberhalb von 5 Kilometer (Jet-Stream, zu deutsch »Strahlstrom«). In bestimmten Bereichen der stürmischen Strömung erfolgt aus dynamischen Gründen eine Verdünnung der Luft (Divergenz); als Resultat fällt in der Region darunter der Luftdruck: Ein Tief entsteht. Analog findet an einem anderen Strömungsabschnitt eine Zusammenballung von Luft statt (Konvergenz): Hier entsteht am Boden ein Hoch. Den Ausgleich der Luftdruckunterschiede in den unteren Luftschichten erleben wir als Wind; er folgt unter dem Einfluss der Coriolis-Kraft großräumig gesehen spiralförmigen Bahnen.

Deshalb interessiert uns in Mitteleuropa mehr, was draußen auf dem Atlantik vor sich geht, als das, was sich etwa in Osteuropa zusammenbraut. Denn das Tief, das heute Irland erreicht, kann schon morgen bei uns für Dauerregen sorgen. Auch Schönwetterperioden kommen oft aus dem Westen. Denken wir an das berühmte und oft herbeigesehnte Azorenhoch, dessen Gastauftritte auf dem Festland die Qualität eines Sommers bestimmen. Im Unterschied zu den Hochs sind Tiefdruckgebiete uneinheitlich aufgebaut. Je nachdem, auf welcher Seite des Tiefs wir uns befinden, erleben wir ein ganz verschiedenes Wetter, und auch die Temperaturen sind sehr unterschiedlich.

## Der Aufbau eines Tiefdruckgebiets

In Tiefdruckgebieten strömt die Luft von allen Seiten zusammen. Auf diese Art vereinigt ein Tief warme Luftmassen aus südlichen und kalte Luftmassen aus nördlichen Breiten. Die warme Luft finden wir im Ost- und besonders im Südsektor des Wirbels. Die kalten Luftmassen reservieren die Nord- und Westseite für sich.
Im Tief ist es durch die allgemein aufsteigende Luftbewegung vielfach bewölkt. Besonders schlecht ist das Wetter dort, wo die verschiedenen Luftmassen aneinandergrenzen, an den *Fronten.* Dort verstärken sich die Aufwinde, da die Luftmassen in einem gewissen Winkel gegeneinander strömen und dabei ein Teil der leichteren Warmluft gegenüber der bodenständigeren Kaltluft den Kürzeren zieht: Sie weicht nach oben aus.

Die *Warmfront* markiert die Vordergrenze der heranströmenden Warmluftmassen. Sie ist vertikal gesehen stark geneigt, denn in der Höhe eilt die Warmluft weit voraus. Der Aufstieg führt zur Bildung ausgedehnter Schichtbewölkung. Der Wolkenaufzug einer sich nähernden Warmfront beginnt mit dichter werdenden, hohen Eiswolken (Cirruswolken) und endet im Idealfall mit mächtigen Nimbostratuswolken, aus denen anhaltender Niederschlag fällt. Im Sommer ist dieser »Idealfall« im südlichen Mitteleuropa, also zum Beispiel im Alpenraum, zum Glück selten verwirklicht. Da erleben wir zwar, wie sich der Himmel kurzzeitig bezieht, vielleicht auch ein paar Tropfen fallen – das war's dann aber auch.
Nach der Passage dieser Front lockert die Bewölkung wieder auf, nur nahe des Tiefkerns ist es weiterhin bewölkt. Es ist die Phase des sogenannten *Warmsektors.* Es beginnt nun eine freundliche Wetterphase mit südlichen Winden, aber es ist häufig dunstig – sofern kein Föhn herrscht. Im Sommer kommt Schwüle auf. Dann nähert sich von Westen die Vordergrenze der heranströmenden Kaltluft, die *Kaltfront.*
Im Vorfeld der Kaltfront wird es oft nochmals sehr schön. Im Sommer zeigen uns aber vermehrte Wärmegewitter über den Bergen an, dass die Kaltfront nahe ist. Die Front selbst besteht aus miteinander verketteten Schauer- und Gewitterwolken. Wenn es zuvor sehr schwül war, kommt es wegen des energiereichen Wasserdampfgehalts der Luft auch zu Schwerstgewittern mit Hagel und Sturmböen.
Das nachfolgende Wetter auf der kalten Westseite des (nach Osten abziehenden) Tiefs nennt man *Rückseitenwetter.* Hier wechseln bei nordwestlichen Winden Schauer mit sonnigen Abschnitten und die Luft ist kühl und klar. Am West- und Nordrand der Mittelgebirge und der Alpen fehlt aber die Sonne. Hier hat die Kaltfront dem Föhn ein Ende gesetzt und nun setzen anhaltende Stauniederschläge ein. Für einen Ausflug ins Gebirge ist die Zeit denkbar ungünstig. Die Hoffnung des wettererfahrenen Tourengängers klammert sich an das nächste Hoch. Es kann ein Zwischenhoch sein – dann reicht's nur für einen Ein-bis-Zwei-Tage-Ausflug. Oder es ist ein umfangreiches Hoch. Solche Hochs haben oft einen Kerndruck von 1030 Hektopascal und mehr und verlagern sich nur sehr langsam.

## Der Lebenszyklus eines Tiefdruckgebiets

Polar- und Subtropenhoch schicken oft ihre sehr verschieden temperierten Luftmassen in die mittleren Breiten. Hier entstehen dann scharfe Luftmassengrenzen. Geraten diese Grenzbereiche warmer und kalter Luftmassen unter den schon beschriebenen Jet-Stream, lebt er erst so richtig auf.

Ein typisches Tiefdruckgebiet unserer Breiten mit einem Warmluftsektor im Süden, begrenzt durch Regenzonen im Osten (Warmfront) und Westen (Kaltfront). Die für den jeweiligen Tiefdruckbereich typische Wolkenart ist durch Buchstabenkürzel gekennzeichnet.

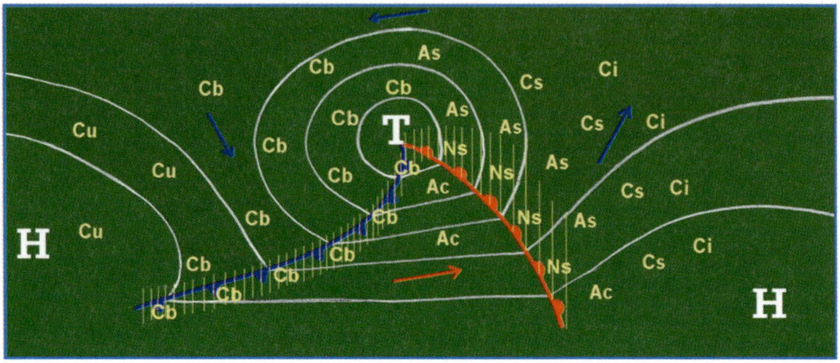


Als Reaktion beginnt unter der kräftigen Höhenströmung Luftdruckfall: ein Tief entsteht. Sein Zentrum liegt genau an der Grenze zwischen Warm- und Kaltluft.

Die Geburt eines Tiefs bekommen wir selten unmittelbar mit, denn sie findet in der Regel auf dem Ozean statt, wo die Bedingungen für die Entstehung dynamischer Tiefs besonders günstig sind. Das junge Tief zieht in der Regel nach Osten und verstärkt sich dabei, das heißt sein Kerndruck sinkt. Im Reifestadium hat das Tief im Mittel einen Kerndruck von 980 Hektopascal, und sein Warmluftanteil verkleinert sich, sodass man nur noch von einem Warmluftsektor spricht.

Später sinkt der Kerndruck kaum noch. Gleichzeitig beginnt die Kaltfront vom Zentrum des Tiefs ausgehend nach dem Reißverschlussprinzip die Warmfront einzuholen. Die neu gebildete Front wird als *Okklusion* bezeichnet. Sie vereinigt Wind- und Wettervorgänge der alten Fronten. Am Lebensende eines Tiefs ist die Warmluft vollständig vom Boden abgehoben. Dadurch ist ein Großteil der Energiezufuhr für die Tiefentwicklung abgeschnitten. Die Höhenwinde werden schwächer, und damit auch ihre luftdruckerniedrigende Wirkung. Der Luftdruck im Tief steigt. Man sagt, das Tief »füllt sich auf«.

Neben diesen dynamischen Luftdruckgebilden gibt es auch die *thermischen Hochs und Tiefs.* Sie sind recht zarte Pflänzlein im atmosphärischen Geschehen. Ihre Voraussetzung sind große Temperaturunterschiede in Bodennähe auf relativ kleinem Raum, etwa wie sie zwischen kühler See und erwärmtem Hinterland bestehen. Oder im Bereich von Gebirgen, wo sich die Luftmassen stärker erwärmen (tagsüber) und abkühlen (nachts) als im Vorland. Diese Temperaturunterschiede sind nur bei klarem und tagsüber sonnigem Wetter ausgebildet.

Solche Schönwetter-Druckgebilde heißen *Kältehoch* und *Hitzetief.* Im Kapitel zur sommerlichen Schönwetterlage (ab S. 109) werden wir sehen, dass sie für unser Sommerwetter in den Alpen eine besondere Rolle spielen.

# Die Wetterküche der Berge

»Die Berge haben ihr eigenes Wetter«, heißt es oft. Das stimmt. Natürlich sind auch im Gebirge dieselben physikalischen Gesetze wirksam wie im Flachland. Doch das Relief greift durch seine Gestalt stark in das atmosphärische Geschehen ein und verändert dadurch Winde und Wetter.
Die Gebirgswirkung geschieht auf zwei Ebenen:

- Die Berge sind ein Hindernis für die Luftströmungen (dynamischer Faktor).
- Die Bergatmosphäre hat einen anderen Wärmehaushalt (thermischer Faktor).

Die Hinderniswirkung führt nicht nur dazu, dass Winde hier abgebremst, dort beschleunigt werden. Winde werden auch zum Aufsteigen und Absteigen gezwungen. Dadurch kommt es in Abhängigkeit vom Relief zur Wolkenbildung und gegebenenfalls zu Niederschlägen, genauso wie sich dank des Reliefs die Wolken auch wieder auflösen.
Daraus erwachsen eine Vielzahl interessanter Wirkungen, die eng an die Gebirgslandschaft gebunden sind. Dem, der sie kennt, ist deshalb das angeblich so unberechenbare Bergwetter sehr vertraut – und damit viel besser vorhersehbar als das Wetter im Flachland.

## Zwischen Stau und Föhn: das Gebirge als Wetterscheide

Im Falle großräumiger Luftströmungen wird ein Gebirge physikalisch gesehen zum Strömungshindernis. Die Luft staut sich vor dem Gebirge. Ein Teil der Luftströmung weicht seitlich aus und umströmt das Gebirge im Vorlandbereich.
Ein anderer Teil überwindet das Gebirge. Dieser Luftstrom steigt also im Luv des Hindernisses auf. Die aufsteigenden Luftmassen kühlen sich ab, weil sie unter niedrigeren Luftdruck geraten. Bei genügender Luftfeuchtigkeit und ausreichend langer Aufstiegsstrecke kondensiert der Wasserdampf: Stauwolken bilden sich, die durch Rückstau auch dem Gebirgsvorland schlechtes Wetter bringen. Bei genügender Mächtigkeit der Staubewölkung fällt aus ihr anhaltend Regen oder Schnee.

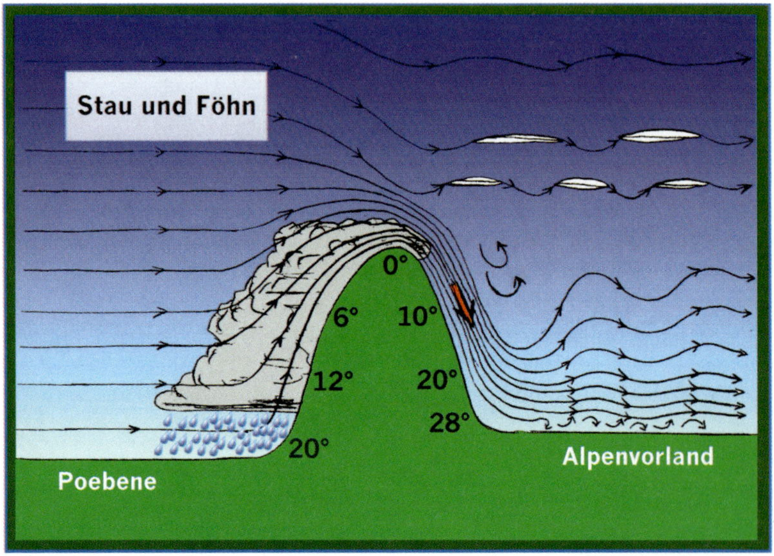


Überquert eine hinreichend feuchte Luftströmung ein Gebirge, entsteht durch Hebung der Luftmassen im Luv eine Wolkenzone mit der Neigung zu Niederschlägen: die Staubewölkung. Am Hauptkamm haben die Luftmassen viele Wolkentröpfchen verloren, gleichzeitig kommt relativ warme und trockene Luft aus höheren Luftschichten hinzu. Auf Grund der Trockenheit kann sich die im Lee absteigende Luftmasse aus physikalischen Gründen stark erwärmen (trockenadiabatische Erwärmung: 1 °C/100 m) und erreicht deshalb als trocken-warmer Föhn die Windschattenseite der Gebirgsmauer. Durch die Reibung der Luftströmung am Gebirgskamm entstehen Luftwellen in der höheren Troposphäre, in deren Wellenbergen sich die charakteristischen Linsenwolken (Altocumulus lenticularis, »Föhnfische«) ausbilden.

Das Wetter ist im Gebirgsstau also denkbar schlecht, die Temperaturen liegen meist um 5 bis 8 °C unter denen der ungestörten Flachlandatmosphäre. Ein kleines Trostpflaster für den Betroffenen am Gebirgsfuß ist der meist schwache Wind, der das Kältegefühl nur wenig zu steigern vermag.
Kein Gebirge ohne Kammlinie. In diesem höchsten Bereich der Berglandschaft endet der Luftmassenanstieg. Hier gibt es keine Kondensation mehr, der Luftstrom reichert sich nicht mehr weiter mit Feuchtigkeit an. Die Luftbahnen beginnen nun im Lee des Gebirgshauptkammes mit ihrem Abstieg. Die adiabatische Erwärmung der Luftmassen lässt die mitgeführten Wolkentröpfchen im Lee zunehmend verdunsten.
Lange glaubten die Fachleute, dass dieser Effekt der alleinige Grund für den Föhn im Lee ist. Doch inzwischen hat man herausgefunden, dass die Winddüse am Gebirgskamm einen interessanten Nebeneffekt hat: Trockene Luftmassen aus Höhen weit über der Staubewölkung werden mitgerissen, praktisch »heruntergesaugt«. Bei ihrem langen Abstieg erwärmen sie sich und trocknen noch weiter aus. So kommen nach dem modernen Erklärungsmodell des Föhns zwei trockene und warme Luftmassen auf den Leehängen zusammen: Luft aus dem Staugebiet, die auf ihrem Weg viel Wasser verloren hat und (von Haus aus trockene) Höhenluft. Sie machen mit den Resten der Staubewölkung schon nach wenigen 100 Höhenmetern kurzen Prozess. Ergebnis ist eine relativ scharf abgeschnittene Wolkenmauer entlang des Hauptkammes des Gebirges. Diese *Föhnmauer* trennt zwei Wetterwelten, wie sie unterschiedlicher nicht sein könnten.

Auf der Leeseite herrscht in der Föhnluft sonniges und deutlich wärmeres Wetter in einer außergewöhnlich klaren Atmosphäre. Da das schöne Wetter ein Effekt des Luftmassenabstiegs ist, ist das schöne Wetter umso ausgeprägter, je tiefer wir uns unterhalb der Kammlinie befinden. Mit anderen Worten: die Täler profitieren am meisten von der Wetterbesserung durch Föhn. Allerdings kanalisieren große Quertäler die Luftströmung so stark, dass der Föhn dort unangenehm stürmisch werden kann.
Die Segelflieger begegnen dem Föhn mit gemischten Gefühlen. Die zum Teil turbulenten Abwinde bedeuten eine Gefahr. Doch wenn die Luft in höheren Schichten relativ warm ist, thermodynamisch also eine stabile Schichtung herrscht, bilden sich über den Leetälern nutzbare Wellen im Luftmeer. Die Wellenberge kondensieren zuweilen, wir kennen sie als »Föhnfische«. Von diesen Wellen lassen sich die Flieger tragen, oft kommen sie in Höhen und erreichen Streckenweiten, wie sie bei kaum einer anderen Wetterlage erreicht werden.
Stau und Föhn gehören also zusammen. Das bedeutet, wenn wir auf der einen Gebirgsseite ungewöhnlich schlechtes Wetter antreffen, sollten wir es einmal auf der anderen Seite versuchen (wenn wir so flexibel sein können!). Da reicht es oft, wenn wir nur auf die andere Seite des Hauptkammes fahren. Wer einmal bei einer Stauwetterlage über den Brenner gefahren ist und auf der anderen Seite von der Föhnsonne begrüßt wurde, weiß, wie scharf eine Wetterscheide im Gebirge sein kann.
Viele meinen, Stau und Föhn gäbe es nur im Alpenraum. Das stimmt nicht. Jedes Mittelgebirge hat seine Schlechtwetterseite und seine Schönwetterseite, wenn Winde wehen. Unter den Meteorologen und Segelfliegern bekannt ist der Föhn des Harzes. Vor allem bei den in Norddeutschland häufig wehenden Südwestwinden gibt es östlich und nördlich des Mittelgebirges oft Sonnenschein, während es auf der anderen Seite regnen kann. Der Föhneffekt ist es auch, der die Magdeburger Börde, im Regenschatten des Harzes gelegen, zu einer der trockensten Regionen Deutschlands macht. Und dank den bei Föhn gut ausgeprägten Leewellen zählt das östliche Harzvorland zu den beliebtesten Segelfluggebieten in Deutschland.
Stau und Föhn sind ein physikalisches Prinzip. Es gibt dieses Wetterphänomen überall dort, wo Winde wehen und Gebirge stehen. Die Rocky Mountains und viele Gebirgszüge an der Pazifikküste in Nordamerika erstrecken sich von Nord nach Süd und produzieren deshalb innerhalb der Westwindzone häufig Stau und Föhn. Wer einmal in Vancouver oder Seattle gelebt hat, weiß, dass die angrenzenden Cascade Ranges der Region eine Regenhäufigkeit bescheren, die selbst das schottische Hochland in den Schatten stellt. Dagegen herrscht im Lee der Rockies oft schönstes Wetter – dank des *Chinook*, wie der Föhn dort genannt wird.

Wenn die Bora, der kalte Fallwind der dalmatinischen Adria, weht, bildet sich entlang des Küstengebirges eine scharfe Wolkengrenze. Hier, am Hauptkamm, lösen sich die feuchtkalten Luftmassen auf, die von Osten aus dem Innern des Balkans heranwehen und im Lee der Gebirgskette zur Adria hinabstürzen (Aufnahme vom 20. September 1998).

Föhn gilt als warmer Fallwind. Doch in der Familie der Föhnwinde kennt man auch Fallwinde, die in den betroffenen Regionen eher als Kälteeinbruch erlebt werden. Wie kommt es dazu? Denken wir an das Erklärungsmodell des Föhns: Die Warmluft entsteht dadurch, dass sich die absteigenden Luftmassen um 1 °C pro 100 Meter erwärmen. An diesem physikalischen Gesetz ist nicht zu rütteln. Allerdings hilft auch die große Erwärmungsrate nichts, wenn es im Ursprungsgebiet der Luftmassen bitterkalt ist. Dann reichen die 10 °C Erwärmung auf 1000 Meter auch nicht dazu aus, dass es in den Föhntälern wohlig warm wird.

Im Nordföhn der Alpen spüren wir diesen Effekt manchmal (s. auch Seite 81). Nämlich dann, wenn sehr kalte Luft aus dem hohen Norden gegen die Alpen strömt. Zwar herrscht dann herrlichster Sonnenschein überall zwischen Turin und Graz, aber der Wind ist relativ kühl und kommen wir in den Schatten, geraten wir rasch ins Frösteln.

Auf das Paradebeispiel eines kalten Föhnwindes treffen wir weiter im Süden. Von der slowenischen Adriaküste bei Triest bis zum dalmatinischen Küstenabschnitt bei Dubrovnik beherrscht im Winterhalbjahr ein berüchtigter Fallwind die Küste: die kalte *Bora.* Ursache ist die sehr kalte Festlandsluft, die sich auf dem Balkan hinter dem Riegel des bis zu 2000 Meter und mehr aufragenden Karstgebirges ansammelt. Hat der Kaltluftsee im Landesinnern eine bestimmte Höhe überschritten, schwappt die kalte Masse über. Sie ergießt sich als böige Bora über die Küstenniederungen der Adria. Oft herrschen minus 10 °C und weniger jenseits der Gebirgsmauer und dank des Föhneffekts kommt der Wind immerhin bei Sonnenschein und Plustemperaturen von 5 bis 10 °C an der Küste an. Der Föhneffekt bewahrt also die Küstenbewohner vor frostiger Kälte. Dennoch ist die Bora für die von der Adriawärme verwöhnten Menschen wie ein Gruß aus Sibirien.

Die Föhnforscher und Meteorologen, die mit der Wettervorhersage betraut sind, kennen eine Reihe von Wetterregeln im Zusammenhang mit Stau und Föhn. Sie helfen auch dem Urlauber, Freizeitsportler und Spaziergänger, die Intensität der Wettererscheinungen abzuschätzen:

Stau- bzw. Föhnwetter erleben wir umso intensiver (Niederschläge bzw. Trockenheit, Abkühlung bzw. Erwärmung), je

- höher das Gebirge aufragt
- feuchter die anströmenden Luftmassen sind
- frontaler die Strömung gegen das Gebirge gerichtet ist
- stärker die Luftströmung ist
- näher wir uns am Gebirge befinden.

Aus diesen Gründen müssen wir zum Beispiel an den hoch aufragenden Alpen mit intensiveren Wettererscheinungen (bei Nord- und Südwetterlagen) rechnen als am Schwarzwald (bei West- oder Ostlagen).
Viele Wetter- und Klimaphänomene auf der Erde lassen sich mit der Wirkung der Gebirge als Wetterscheide erklären. Wo die vorherrschenden Winde stark bis stürmisch gegen eine Gebirgsmauer wehen, wird die Wetterscheide des Gebirges zur Klimascheide. So zum Beispiel im Süden Südamerikas. Patagonien zählt zu den windigsten Bergregionen der Erde. Wetter und Klima dort sind aber sehr unterschiedlich – je nachdem, ob man sich auf der Westseite der Anden befindet oder im Osten. Während im hochgelegenen Westen Patagoniens die extremen und permanenten Stauniederschläge zu einer für die Breitenlage einzigartigen Inlandvereisung geführt haben, breitet sich im Lee der Anden die endlose Steppe Ostpatagoniens aus. Unmittelbar im Lee der Anden herrscht vielfach schönes Wetter mit viel Sonne und relativ hohen Temperaturen. Gebietsweise produziert der Dauerföhn der Anden im Süden Argentiniens sogar eine wüstenhafte Trockenheit.

Ein heftiger Föhnsturm mit Böen bis zu 100 km/h modellierte diese eindrucksvollen Lenticulariswolken im Lee der neuseeländischen Alpen.

Aber auch in Neuseeland spiegeln sich Stau und Föhn im Landschaftsbild wieder. Vor allem auf der Südinsel, wo die Hochgebirgskette der neuseeländischen Alpen eine extreme Wetterscheide bildet. Auf der Stauseite der Gebirgskette prägen immergrüne Wälder das Landschaftsbild, und dank 6000 Liter Jahresniederschlag dringen die Gletscher bis zum Meer vor (in der geografischen Breite von Rom!). Im Regenschatten der Gebirgskette hingegen trifft man auf steppenartiges Busch- und Grasland. Nur 600 Liter Regen im Jahr werden hier durchschnittlich registriert.
Es gibt noch eine andere Windzone auf der Erde, wo wir bei unserer

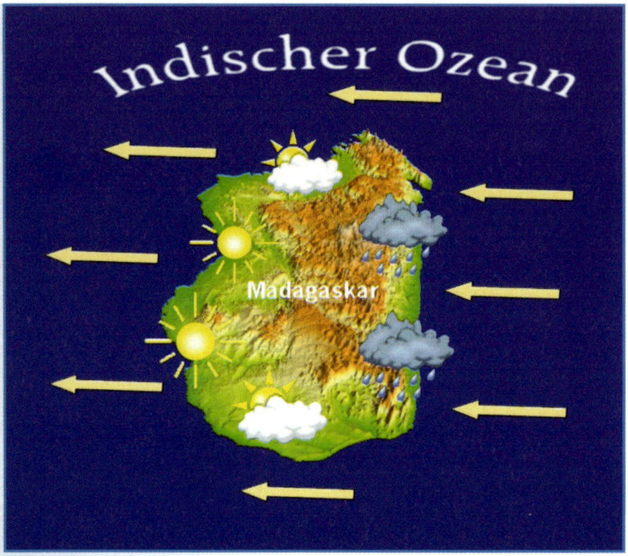


Ein Beispiel für die großen Wetterunterschiede zwischen Luv- und Leeseite einer Gebirgsinsel im Passat ist Madagaskar. Der permanente Stau im Osten führt hier zu häufigen Regenfällen und üppigem Regenwald. Die föhnige Westseite hingegen ist reich an Sonnenschein und weist nur eine spärliche Steppenvegetation auf.

Trecking-Planung sehr darauf achten müssen, dass wir die Tour nicht auf der falschen Seite des Gebirges durchführen: die Passatzone. Hier ist es die Ostseite der Berge, die das schlechtere Wetter abbekommt. Eigentlich gilt der Passat als eine recht trockene Luftströmung. Viele Wüsten auf der Erde wie die Sahara entstehen unter Passateinfluss. Anders ist es aber, wenn diese warmen Ostwinde, die eine hohe Speicherkapazität für Wasserdampf haben, weite Strecken über das Meer zurücklegen und dann gegen ein Küsten- oder Inselgebirge prallen.

Zum Beispiel Madagaskar. Ein durchgehender Gebirgsriegel im Innern der großen Insel liegt quer im Windfeld. Im Luv fallen durch Stau bis zu 4000 Liter Regen (pro Quadratmeter) im Jahr, im Lee kaum mehr als 400 Liter. Entsprechend ist das Landschaftsbild: im Osten tropischer Regenwald, im Westen Steppe.

Ein anderes extremes Beispiel sind die Hawaii-Inseln im Pazifik. Jedes Eiland dieses Archipels hat seine trübe Ostseite und seine »sunny side« im Westen. Auch auf der Hauptinsel. Dort kann man den Weg zwischen Regenwald (8000 Liter Regen/Jahr) und Steppe (500 Liter Regen/Jahr) an einem Tag zurücklegen – zu Fuß!

Das gleiche Phänomen kennen wir von den Bergen der Kanarischen Inseln. Im Norden und Osten der Inseln stauen sich immer wieder die Wolken, im Süden und Westen fegt der Kanarenföhn den Himmel frei. Viel Regen gibt es dort aber nicht, da die Höhenluft in dieser Ecke der Passatzone sehr trocken und warm ist und deshalb als Sperrschicht (Inversion) für vertikales Wolkenwachstum wirkt. Die Passatinversion bewirkt, dass man dort an der Stauseite der gebirgigen Inseln auch eine horizontale Wetterscheide kennt, die beeindruckend ist (vgl. auch Bild Seite 21). Unvergesslich der Augenblick, wenn man von der Luvküste Teneriffas her den Aufstieg zum Pico de Teide unternimmt. Irgendwann liegt die Waschküche des Nebelwalds hinter uns und wir stehen in der kräftigen Tropensonne staunend über dem Meer der Stauwolken. Doch liegt erst die Hälfte der Strecke hinter uns. Auch wenn in der klaren Höhenluft der Vulkan mit seiner leuchtenden Schneekappe wie zum Greifen nah erscheint.

# Winddüsen

In der Regel hemmen Berge die Luftbewegung. Aus diesem Grunde treffen wir im Gebirge vielfach schwächere Winde als im exponierten Flachland. Allerdings erzeugt das Relief an bestimmten Stellen auch Windecken, die es in sich haben können.

## Führungs- und Trichtereffekt

Weht der Wind parallel zum Verlauf eines Tales, werden die Luftbahnen im Tal gebündelt. Ergebnis ist eine Windverstärkung (Führungseffekt). Zum Beispiel werden im Tal der Salzach (Alpenraum) bei Westwetterlagen im West-Ost-orientierten Pinzgauer Talabschnitt stets ein bis zwei Windstärken mehr registriert als im Nord-Süd-verlaufenden Talabschnitt südlich von Salzburg. Bei Föhnwetterlagen bündeln bestimmte Täler als Föhnschneisen den warmen Fallwind. Eine berüchtigte Rennstrecke des alpinen Südföhns ist der Nord-Süd-verlaufende Abschnitt des Rheintals zwischen Bodensee und Chur, eine andere das ähnlich orientierte Tal der Reuss oberhalb des Vierwaldstätter Sees.

Verengt sich ein Tal dann auch noch stromabwärts, entfalten Täler eine enorme Düsenwirkung (Trichtereffekt). Ein berüchtigtes Nadelöhr für den Wind ist das Rhônetal zwischen Lyon und Orange, im Zwickel zwischen Massif Central und Westalpen. Eine moderate Nordströmung verwandelt sich dort in den stürmischen *Mistral*. In den sich nach Osten zu verengenden Donauniederungen zwischen Linz und Ybbs ist es hingegen die Westwetterlage, die den Wind verstärkt.

Schließlich werden die meisten thermischen Winde, die am Tage talaufwärts wehen (s. S. 111), in Richtung Talschluss verstärkt. Den Schwung erhalten sie ebenfalls durch den Trichtereffekt, da sich jedes Tal flussaufwärts mehr und mehr verengt.

Bei Nordwind müssen die Luftmassen aus dem Norden Frankreichs und dem Schweizer Mittelland auf ihrem Weg zum Mittelmeer durch das »Nadelöhr« der Rhônetals. Die Verengung des Strömungsquerschnitts beschleunigt den Wind. Durch diesen Trichtereffekt entsteht der berüchtigte Starkwind Südfrankreichs, der Mistral.

Bäume, die Zeugnis ablegen von einem gewaltigen Düseneffekt in einem engen Gebirgstal (Trichtereffekt). Der starke sommerliche Nordwind Griechenlands verlieh den Nadelbäumen in diesem Tal der gebirgigen Insel Kreta ein aerodynamisches Profil (Windschur).

## Kuppeneffekt

Das Relief kann auch eine Einengung des Strömungsquerschnitts in vertikaler Richtung erzwingen. Die Luftbahnen werden in diesem Fall ebenfalls gebündelt (Kuppeneffekt). Den Effekt kennen wir alle. Es ist die Winddüse auf dem Gipfel, Kamm oder Grat.

Achtung, das Ausmaß der Windverstärkung an diesen exponierten Stellen wird oft unterschätzt! Denn zu dem Düseneffekt gesellt sich da oben noch der normale Höhenwind, der in der Regel mit zunehmender Höhe an Stärke gewinnt. Auf Hochgebirgsgipfeln wie dem Jungfraujoch (Schweiz) oder dem Sonnblick (Österreich) wird Sturm sechsmal so häufig wie im Tal registriert. Jeder dritte Tag im Jahr ist nach der Statistik auf den meisten Hochgebirgsgipfeln im Alpenraum ein Sturmtag. So stammt auch die höchste bisher gemessene Windböe in Deutschland von seiner höchsten Wetterstation, der Zugspitze. Am 12. Juni 1985 maß man dort sage und schreibe 335 km/h!

Die langen Schneefahnen sind für den aufmerksamen Bergsteiger ein sicheres Warnzeichen für stürmische Winde im Gipfelbereich.

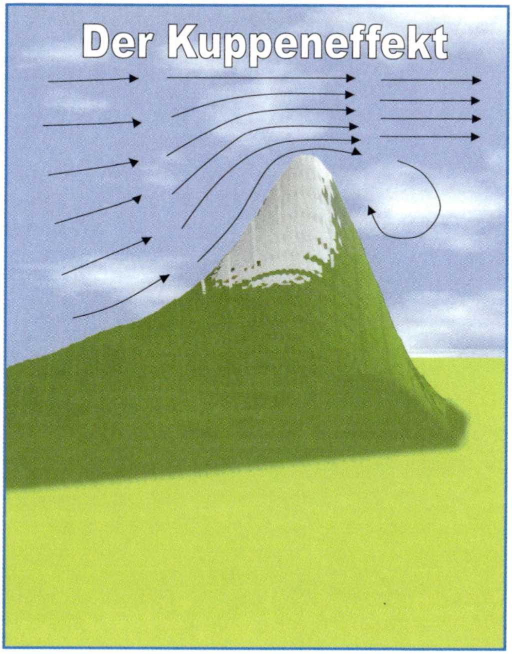

Eine extreme Steigerung der Windgeschwindigkeit können wir auf Gebirgspässen erleben. Grund: Hier überlagern sich Kuppen- und Trichtereffekt.

Wehen die Winde in einem spitzen Winkel auf eine Gebirgsmauer zu, werden sie durch den sogenannten Leitplankeneffekt am Fuß der Berge verstärkt und parallel zum Gebirgsverlauf abgelenkt.

## Leitplankeneffekt

Im Vorland eines Gebirgszuges, der wenig Buchten und Quertäler aufweist, also strömungs-dynamisch als kompaktes Widerlager wirkt, kommt es bei bestimmten Großwetterlagen zu einer düsenartigen Beschleunigung der Luftströmung. Das ist der Fall, wenn die Winde in einem spitzen Winkel auf die Gebirgsmauer zuwehen (Leitplankeneffekt). Der Wind wird dadurch parallel zum Gebirgsrand ausgerichtet und er beschleunigt sich.
Im Alpenraum ist dieser Effekt besonders im bayerischen Alpenvorland und im Osten Österreichs bekannt. Im Alpenvorland sind es die West- bis Nordwestwinde, die durch die Fernwirkung des Alpenkörpers beschleunigt werden. Die Wassersportler zwischen Bodensee und Chiemsee kennen diese Wetterlage. Segler haben Respekt vor ihr, Surfer erwarten sie sehnlichst.
Eine weitere Leitplanken-Düse ist das Wiener Becken mit dem nördlichen Burgenland. Hier an der äußersten östlichsten Ecke der Alpen werden

Oben links:
Die vertikale Verengung des Strömungsquerschnitts führt im Kuppenbereich zu einer erheblichen lokalen Windverstärkung (Kuppeneffekt). Am Oberhang im Lee bilden sich starke Luftwirbel, die im Winter viel Schnee ablagern können (Triebschnee).

Die Erwärmung über einem Hang durch Sonneneinstrahlung gibt Thermikblasen Auftrieb, die hochsteigen und ab einer bestimmten Höhe kondensieren. Es wird Kondensationswärme frei, die den weiteren Aufstieg begünstigt. Das Luftpaket steigt auf, solange es wärmer als seine Umgebung ist (rote gestrichelte Linie). Im Normalfall sorgt eine kleine Inversion in der unteren Troposphäre für ein rasches Ende des Aufstiegs; eine kleine Cumuluswolke ist das Resultat (links). Fehlt diese Inversion, wie es bei sommerlichen Gewitterlagen der Fall ist, geht der Aufstieg ungebremst weiter bis zur Tropopause. In einer solchen hochreichend labil geschichteten Atmosphäre entsteht die mächtige Schauer- und Gewitterwolke Cumulonimbus (rechts).

Nordwest- und Südwinde beschleunigt. Windige Nordwestwetterlagen sind im Wiener Stadtgebiet als Sturmwetterlagen berüchtigt. Auch die Segler und Surfer auf dem Neusiedler See wissen, was sie bei ausgeprägten Nordwest- oder Südlagen erwartet.

## Wenn die Thermik das Wetter macht

Die Sonne scheint auf alle Geländeteile gleich stark. Dennoch erwärmt sich die Bergatmosphäre im Laufe des Tages stärker als die Atmosphäre über dem Flachland. Dafür gibt es einen plausiblen Grund: Die Talluft hat ein geringeres Volumen als die Vorlandluft. So wie sich Luft in einem kleinen Ofen schneller erwärmt als in einem großen – Singles kommen schneller zu ihrer Pizza ! –, steigt die Temperatur in einem Tal rascher an als im Vorland. So liegen am Nachmittag die Temperaturen in vergleichbarer Höhe über denen des Vorlandes.

An dem Wärmebonus wirken aber noch zwei andere Umstände mit:

- Die Kammerung des Geländes im Bergland bewirkt eine Windabschwächung, vor allem in den Tal- und Beckenlagen. So kann sich die erwärmte Luft nur schwer mit der kühleren Umgebungsluft mischen. Die Temperaturen steigen weiter an.
- Nach dem Lambert'schen Gesetz erhitzen sich Geländeteile umso stärker, je frontaler die Sonnenstrahlen sie treffen. Schon am Vormittag kann sich deshalb ein südostexponierter Hang maximal erwärmen.

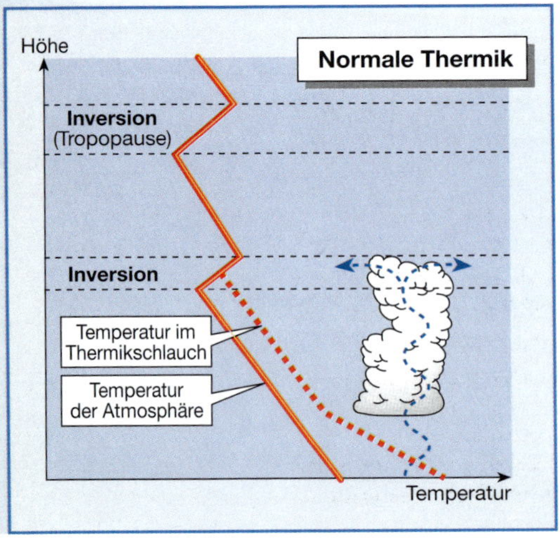


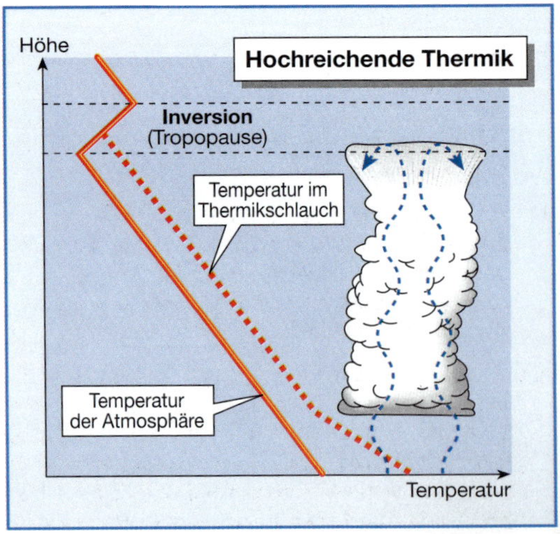

Dadurch entsteht über den besonnten Hängen eine Überwärmung der Luft. Im Fachjargon heißt es, die Luftschichtung wird instabil. Wenn die Temperaturen infolge der bodennahen Erwärmung pro 100 Höhenmeter um mehr als 1 °C abnehmen, erhält das erwärmte Luftpaket über dem Hang freien Auftrieb. Die Luft steigt (unsichtbar) auf. Es hängt nun von der Temperaturabnahme in der freien Atmosphäre über dem Hang ab, wie lange die Thermikblase aufsteigen kann.

Eine sommerliche Hochdruckwetterlage mit ausgeprägter Thermik: ein schöner Tag auch für die Segelflieger im Gebirge.

Manchmal gibt es Höheninversionen, an denen die Temperatur so stark zunimmt, dass dort der Auftrieb ein Ende findet. Sofern zuvor Kondensation im Thermikschlauch einsetzt, beobachten wir, wie sich die Wolke als *Stratocumulus* an der Inversion ausbreitet. Ein andermal ist die Atmosphäre hingegen hochreichend labil geschichtet und die Thermik bildet große Quellwolken *(Cumulus congestus).* Wenn die Luft aber sehr trocken ist – was bei frühsommerlichen Ostwetterlagen oft der Fall ist – ist der Himmel trotz Thermik wolkenlos. Der Segelflieger, der dann seine liebe Not hat, die Aufwindschläuche ohne seine gewohnte Cumulus-Markierung zu finden, nennt die Situation *Blauthermik.*

Jetzt verstehen wir einiges besser, was wir aus der Beobachtungserfahrung bereits kannten, aber oft nicht zu deuten wussten:

» **In tiefgelegenen Tälern der Mittel- und Hochgebirge kann es an warmen Sommertagen ganz schön heiß werden. Im Alpenraum zum Beispiel werden mittags dann auch in Höhen über 700 m (wie etwa im Tal des Inns oder der Mur) 30 °C und mehr gemessen. In München hingegen haben diese »Tropentemperaturen« auch im Juli Seltenheitswert.**

» **Durch die lokal starke Erwärmung im Gebirge setzt frühzeitig Thermik ein. Als Beobachter im Flachland fallen einem die zahlreichen Cumuluswolken über den Bergen auf, die im Unterschied zur wolkenlosen Vorlandatmosphäre bereits am Vormittag emporwachsen – und wir wundern uns vielleicht über die Segelflieger, die schon in der Frühe über den Gipfeln ihre Kreise ziehen.**

» **Die Aufheizung der hochgelegenen Gebirgstäler, die in trockenere Luftschichten hineinragen, führt dort zu einer besonders starken Abtrocknung der Talluft. Ergebnis: Es bilden sich viel weniger Dunstpartikel und Quellwolken im zentralen Gebirgsbereich als an seinem Rande. Alpine Luftkurorte in Hochtälern wie zum Beispiel Davos in der Schweiz oder das österreichische Heiligenblut profitieren von dieser bioklimatischen Gunstlage.**

Da im Gebirge die Thermik stets stärker entwickelt ist als im Flachland, entwickeln sich hier auch bevorzugt die sommerlichen Wärmegewitter. In dieser Satellitenaufnahme vom 17. Juli 1999 nachmittags sehen wir Gewitterherde über den Pyrenäen und über dem ostspanischen Küstengebirge.

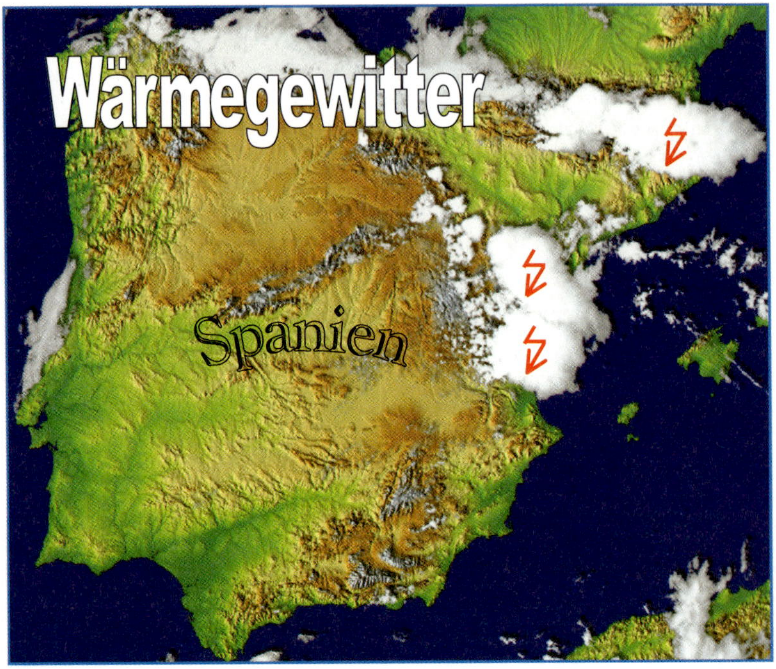

» **An heißen Sommertagen entwickeln sich in Regionen mit starker Konvektionsbewölkung lokale Schauer und Wärmegewitter. Bergregionen sind deshalb stets gewitterreicher als das Flachland. Das gilt nicht nur für den Alpenraum und sein Vorland, sondern auch für viele andere Bergregionen wie den Schwarzwald oder die Eifel in Deutschland oder zum Beispiel die Pyrenäen und die Gebirge im Osten Spaniens.**

In vielen tropischen Gebirgen beherrscht die Thermik vollkommen das Wettergeschehen, auch wenn der lichte Tag dort nur 12 Stunden dauert. Anders als bei uns in Mitteleuropa beginnt der Morgen nicht so vielversprechend. Nebel, Hochnebel und dünne Schäfchenwolken sind typisch für den Tagesanbruch in den feuchten Tropen. Dann aber beginnt die starke Sonne die tiefen Wolken »wegzuheizen«. Die Thermik erreicht bis zum Mittag Höhen von 2000 m und mehr. Ab Mittag bilden sich vor allem in der Regenzeit zahlreiche Cumuluswolken, die durch ihre frei werdende Kondensationswärme die Thermik bis in Höhen von 10 bis 12, ja manchmal bis 16 Kilometer verlängern. Das Ergebnis kann sich im wahrsten Sinne des Wortes sehen lassen: gigantische Wolkentürme mit Eiskappen (Cumulonimbus), aus denen heftige Platzregen mit Blitz und Donner niedergehen. Oberhalb 4000 m fällt Schnee. Hemingway war mit der Berglandschaft Ostafrikas und seiner Wetterküche gut vertraut, als er »Schnee am Kilimanjaro« schrieb!

An Sommertagen mit labiler Luftschichtung beobachten wir einen Tagesrhythmus der Wolkenentwicklung. Der Morgen ist wolkenlos, am Vormittag bilden sich durch die Thermik über den Hängen kleine und mittlere Cumuli, die ab Mittag hoch in die Atmosphäre wachsen. Oft bilden sich am frühen Nachmittag die ersten Gewitterwolken aus. Am Abend lösen sich die Gewitter durch die fehlende Thermik wieder auf.

Wehe dem Tourengänger, der nun nicht rechtzeitig Unterschlupf gefunden hat oder zu spät mit dem Aufstieg begann. Sintfluten, Blitzschläge und Murenabgänge prägen vielerorts das Bergwetter am Nachmittag. Auch der Rest des lichten Tages bringt kaum Wetterbesserung. Erst am späten Abend fallen die Gewitter in sich zusammen.

» **Bergprofis in den Tropen beherzigen deshalb zwei wichtige Wetterregeln:**

- **Früh aufstehen, denn die Tage sind kurz, und am Nachmittag steigt die Gewittergefahr.**
- **Die Expedition in der Trockenzeit unternehmen, wenn Gewitter nur vereinzelt auftreten.**

Die Thermik im Gebirge beeinflusst auch die Winde. Und zwar über die Veränderung des Luftdrucks.
Die im Vergleich mit dem Vorland stärkere Erwärmung der Bergtäler lässt den Luftdruck dort im Tagesverlauf absinken. Denn die erhitzte Luft ist leichter als die kühlere Umgebungsluft. Es sind nur wenige Hektopascal, doch das Luftdruckgefälle zum Vorland reicht aus, um zwischen Bergland und Vorland eine Luftzirkulation in Gang zu setzen. Es ist eine thermische Zirkulation, die *Talwindzirkulation.* Analog sorgt die stärkere Abkühlung der Bergtäler gegenüber dem Vorland für eine sogenannte *Bergwindzirkulation.* Diese thermischen Winde sind bei Schönwetterlagen auch im Alpenraum gut entwickelt. Was das im Einzelnen für uns als Wanderer oder Segler bedeutet, ist ab Seite 109 näher beschrieben.

In diesen Infrarotbildern des Wettersatelliten vom 21. März 2000 spiegelt sich der typische Tagesrhythmus der tropischen Wärmegewitter wieder. Am Vormittag um 10 Uhr (links) erwärmt sich die bodennahe Luft bereits sehr stark (rot), aber die Thermik ist noch nicht hochreichend, sodass sich kaum Wolken ausbilden. Bis zum Nachmittag 16 Uhr (rechts) haben sich nun aber überall hohe Wolkentürme gebildet und die tropische Atmosphäre ist erfüllt von zahlreichen Gewitterwolken mit ihren bis zu minus 70 °C kalten Oberseiten (weiß im Wärmebild). »Früh aufstehen« heißt deshalb die Devise für den Tourengänger im tropischen Gebirgsraum.

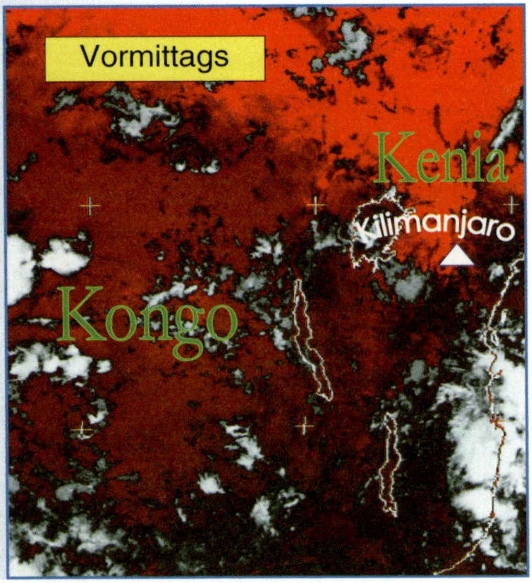

# Bergwolken

Die Wolken, die uns im Flachland begegnen, sind auch über reliefiertem Gebiet anzutreffen. Es gibt aber drei Wolkentypen im Gebirge, die ihre Entstehung dem Berg (in seiner Eigenschaft als Strömungshindernis) verdanken. Auch wenn sie unterschiedlich aussehen, haben sie doch eine seltene Eigenschaft gemein: Sie halten fest zum Berg und lassen sich nicht von der Luftströmung forttragen. Die eine Wolke finden wir auf der Windseite des Berges, die andere versteckt sich hinter dem Hindernis, die dritte steht über dem Berg.

## Die Stauwolke

Jeder Berg, der hoch genug in eine hinreichend feuchte Luftströmung hineinragt, erzeugt auf seiner Windseite eine Wolkenbank. Sie bildet sich durch die adiabatische Abkühlung und Kondensation der zum Aufstieg gezwungenen Luft. Diese Wolke hat eine unterschiedliche Form, je nach der thermischen Schichtung der Luftmasse.

Ist die Schichtung stabil, nimmt also die Temperatur mit der Höhe nur wenig ab, oder gibt es über dem Berg sogar eine Inversion, erinnert die Wolke eher an eine Wolkenschicht. Sie lässt keine Quellungen erkennen und sitzt dem Gipfel manchmal wie eine Haube oder ein Kragen auf. Weltbekannt ist die Wolkenhaube des Tafelbergs bei Kapstadt, die auf Grund ihrer abgeflachten Form als »Tischtuch des Tafelbergs« bezeichnet wird.

Bei stärkerem vertikalem Temperaturgefälle, also bei labiler Luftschichtung, haben die Stauwolken eher die Form einer Cumulus-Wolke. Manchmal entstehen daraus Schauer, die sich im Lee des Gipfels rasch wieder auflösen.

Kenner des Bergwetters freuen sich über die Auflösung einer Stauwolke, gleich ob sie Regen brachte oder nicht:

» **Die Auflösung von Stauwolken bedeutet, dass trockenere Luftmassen heranströmen. Es ist ein Schönwetterzeichen.**

Die Stauwolken auf der Windseite eines Berges kann man gut von den anderen Wolken unterscheiden: Sie haben eine erniedrigte Basis und sitzen den Hängen zuweilen wie ein Kragen auf.

Der Gipfel des Mönch in den Berner Alpen mit einer Sogwolke.

## Die Sogwolke (»Rauchender Berg«)

Eine seltsame Wolke ist die Wolke, die wir im Windschatten eines Berges manchmal entdecken. Sie hat eine unregelmäßige Form und scheint sich ausschließlich auf der ruhigen Flanke eines Berges behaupten zu können. Oft bildet sie sich nur an der steilen, nach Süden orientierten Bergflanke unterhalb des Gipfels. An Flanken steiler Berge wie dem Matterhorn können wir das Phänomen häufig beobachten.
Ursache der Wolke ist der durch den Düseneffekt im Gipfelbereich erzeugte Unterdruck im Windschatten des Berges. Der übt einen Sog auf die Luft unterhalb des Gipfels aus. Wenn dann noch Thermik durch Sonnenstrahlung hinzu kommt, bildet sich ein Aufwindschlauch, in dem die relativ feuchte Luft auf dem Weg nach oben schon unterhalb des Gipfels kondensiert. Wir sehen, wie sich ab einer bestimmten Höhe Wolken oder Wolkenfragmente bilden, die bis zum Gipfel aufsteigen, um dort von der Gipfeldüse rasch wieder zerstreut zu werden. Ein kurzes Wolkenleben. Für uns scheint es, als ob der Berg rauchen würde.
Auch die Sogwolke hat eine Wetterbedeutung:

» **»Rauchende Berge« zeigen einen starken Höhenwind an. Vergrößert sich diese Bergwolke, ist mit allmählicher Wetterverschlechterung zu rechnen.**

## Die Linsenwolke (»Föhnfisch«)

Es ist die klassische Bergwolke. Sie bildet sich oft innerhalb von Feldern von Schäfchenwolken und sieht aus wie eine Linse, deshalb der lateinische Fachbegriff *Altocumulus lenticularis.* Wir beobachten sie über den Bergen oder im Lee eines Bergzuges. Allerdings tritt sie zuweilen auch im Vorfeld von Gewittern auf, weil diese hochwachsenden Cumulonimben ihrerseits eine Art Strömungshindernis darstellen.
Die Linsenwolke setzt eine stabile Luftschichtung voraus, also wenn vor allem in der Höhe verhältnismäßig warme Luftmassen heranströmen. Sie ist deshalb auch als Klassische Föhnwolke der Nordalpen bekannt. In solchen Luftmassen gerät die strömende Luft durch die Reibung mit dem

Gebirgsrelief leicht in Schwingungen. Es entstehen also kleine Wellenberge und Wellentäler im Luftmeer. In den Wellenbergen kondensiert die Luft, in den Tälern lösen sich die Wolkentröpfchen wieder auf. Fertig ist die Wolke. Die schlanke Form verdankt sie dem starken Höhenwind und der stabilen Schichtung, die jegliche Quellungen in Wolken zu unterbinden pflegt. Als Wetterzeichen sagt uns die Linsenwolke:

- **Zunehmende Umwandlung der Schäfchenwolken in Linsen deutet auf vorübergehende Wetterbesserung hin (Föhn).**
- **Eine zunehmende Anzahl von Linsenwolken nach schönem Wetter lässt die Ankunft der Kaltfront erwarten (»Wettersturz«).**
- **Vereinzelte Linsenwolken bei sonst zunehmender Quellbewölkung sind ein Gewitterzeichen!**

Im Föhngebiet Patagoniens sind die »Föhnfische« (Altocumulus lenticularis) die häufigste Wolkenart.

# Bioklima

Wir wissen, dass Gesundheit, Wohlbefinden und auch Leistungsfähigkeit von Wetter und Klima abhängig sind. Bekannt sind Phänomene wie Föhnbeschwerden oder die Höhenkrankheit, aber auch viele positive Effekte der Bergluft, die sogar in der medizinischen Therapie genutzt werden. Daneben gibt es weitere interessante Auswirkungen des Bergwetters, die meist nur den Medizinern und erfahrenen Tourengehern bekannt sind.

## Das Phänomen Föhn

Dieser warme Fallwind ist bekannt dafür, dass er bei besonders wetterfühligen Personen Reaktionen hervorruft. Die Medizinmeteorologen kennen ein ganzes Spektrum von subjektiven Wirkungen. Manche Menschen klagen über Kopfschmerzen, Niedergeschlagenheit und Konzentrationsschwäche. Bei anderen verschlimmern sich bestehende Herz-Kreislaufstörungen.
Nicht wenige berichten aber auch von günstigen Einflüssen des Föhns. So hört man von einer allgemein aufmunternden Wirkung und einer seelischen

Erregtheit im positiven Sinne. Unbestritten ist seine stimulierende Wirkung auf den Spaziergänger und Tourengeher, besonders wenn sich in der trockenen Föhnluft die Landschaft in seltener Klarheit und Farbenvielfalt vor uns ausbreitet. Die Ursachen der Föhnwirkung auf den Organismus sind noch nicht gänzlich geklärt. Als Theorien werden die ungewöhnlichen Luftdruckschwankungen bei Föhn sowie Effekte der starken Himmelshelligkeit auf das Nervensystem diskutiert. Rätsel gibt auch die Tatsache auf, dass Föhn zwar in vielen Bergregionen der Erde beobachtet wird, Föhnbeschwerden aber nur aus dem Nordalpengebiet bekannt sind.
Mehr zum Föhn-Bioklima findet sich ab Seite 73.

## Die Wirkung des Windes

Der Wind verändert unsere Temperaturempfindung. Er vermag in großer Stärke und Andauer auch zermürbend auf die Psyche zu wirken. In extremen Situationen ist er für irreparable Schädigungen der Haut verantwortlich (Erfrierungen).
Wie wir wissen, führt die starke Kammerung der Landschaft im Gebirge zu großen Unterschieden in der Windstärke. Das hat nun erhebliche Auswirkungen auf unsere Temperaturempfindung, denn der Wind zählt zu den wichtigsten Einflussfaktoren der sogenannten *gefühlten Temperatur:*

- Bei Lufttemperaturen unter der Hauttemperatur (33 °C) wirkt der Wind abkühlend.
- Bei Lufttemperaturen über der Hauttemperatur (33 °C) wirkt der Wind aufheizend.

Von hochsommerlichen Föhnwinden abgesehen, wirkt der Wind in unserem Klima abkühlend. Von den kältegewohnten Kanadiern stammt der internationale Fachbegriff für diesen Effekt: *wind chill.* Dieser Wind-chill-Effekt beschert uns auf Bergtouren wahre Wechselbäder.
In windgeschützten Berglagen sorgt die Windabschwächung dafür, dass wir die Luft als wärmer empfinden als es der Lufttemperatur entspricht. Im Tal, im Unterhangbereich und auf sonnenbeschienenen Waldlichtungen kommen wir deshalb manchmal ganz schön ins Schwitzen. Ebenso deutlich spüren wir den Erwärmungseffekt auf einer Skitour. Nur diesmal sind wir dankbar für den schwachen Wind, der uns die große Kälte von minus 10 °C oder minus 15 °C kaum spüren lässt.

Bioklimatisch extreme Bedingungen erleben wir nur im Hochgebirge. Hier im Display der 3600 Meter hoch gelegenen Wetterstation des Jungfraujochs (Berner Alpen) spiegelt sich die Wetterdramatik der vorangegangenen Nacht: Orkan und Temperaturen weit unter minus 20 °C. Ein solcher Wettersturz hat schon vielen unvorsichtigen Tourengängern das Leben gekostet.

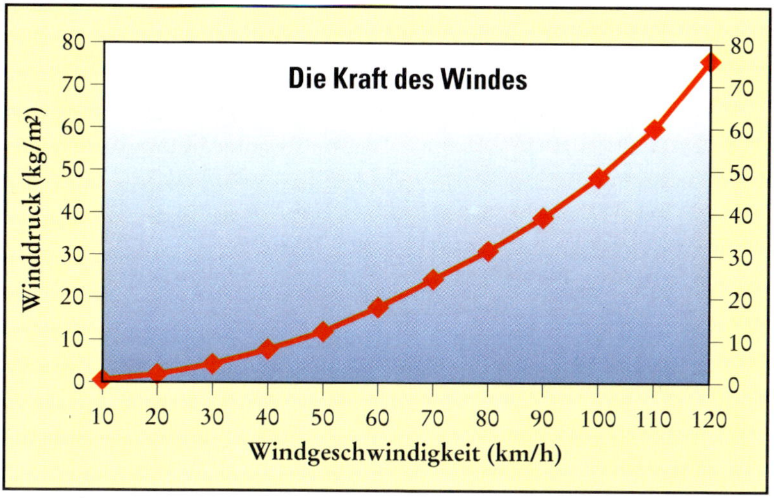


Was wir alle schon erfahren haben, aber vielen noch nicht so richtig bewusst wurde: Die Windkraft wächst verglichen mit der Windgeschwindigkeit beschleunigt, genauer gesagt, sie wächst im Quadrat der Windgeschwindigkeit.

In exponierten Oberhang- und Gipfellagen weht jedoch ein anderes Lüftchen. Der Abkühlungseffekt kann enorm sein. So hat bei einer Lufttemperatur von minus 8 °C ein Wind von nur 23 km/h (Windstärke 4) eine Hautwirkung von minus 20 °C! Sinkt diese physiologisch effektive Temperatur oder auch gefühlte Temperatur, wie die Medizinmeteorologen sagen, auf unter minus 30 °C, erfrieren ungeschützte Hautpartien innerhalb von einer Minute. Das kann schon passieren, wenn die Lufttemperatur bei diesem Wind unter minus 13 °C sinkt (zum Beispiel wenn eine Kaltfront kommt) – oder wenn sich der Wind auf 50 km/h (Windstärke 6) steigert (ohne dass sich an den minus 8 °C Lufttemperatur etwas ändert).
So entstehen irreparable Hautschäden allein durch den Wind! Keine Frage, dass aufkommender Sturm bei großer Kälte zu akuter Lebensgefahr im Gebirge führt. Die wichtigste Konsequenz, die wir daraus ziehen, ist auch im Sommer bei Gipfelbesteigungen warme Kleidung mitzunehmen. Das ist bei den modernen Materialien heutzutage kein Gewichtsproblem mehr.
Aber nicht überall auf der Erde ist der Bergwind wegen seiner Kälte gefürchtet. An der südkalifornischen Küste weht zuweilen der *Santa-Ana-Wind*, der berühmteste Bergwind am Pazifik. Unter seinem Einfluss können die Temperaturen in Los Angeles – wo auch im Sommer die Lufttemperaturen 30 °C meist nicht überschreiten – 40 °C und mehr erreichen. Wohlgemerkt, die (gemessene) Lufttemperatur. Die gefühlte Temperatur liegt an solchen Föhntagen jenseits der 50-Grad-Marke!
Der Wind lässt uns nicht nur die Temperaturen anders empfinden. Wenn er sehr stark weht, wirkt er zermürbend. Das Gehen gegen den Sturm und Schnee belastet nicht nur den Körper, sondern auch die Psyche. Der Wind

zerrt an unserem Durchhaltewillen. Beängstigend ist auch die mit der Windgeschwindigkeit zunehmende Kraft der Luftströmung. Denn die wächst bei höheren Geschwindigkeiten beschleunigt! Daran sollten wir denken, wenn wir auf den exponierten Gipfel zugehen oder den Platz für das Zelt aussuchen.

## Probleme durch Sauerstoffmangel

Der Aufstieg zum Gipfel lässt uns in Atmosphärenbereiche vorstoßen, in denen der Luftdruck erheblich reduziert ist. Entsprechend verringert ist damit auch der Sauerstoffgehalt der Luft. In 3000 m Höhe (Zugspitze) müssen wir mit 70% des Sauerstoffs auskommen, in 5800 m (Kilimanjaro) mit weniger als 50%. Schon unterhalb des Gipfels des Mount Everest, auf 8500 m Höhe, liegen zwei Drittel der gesamten Atmosphärenmasse unter uns. Auf dem höchsten Gipfel der Erde stehen dem Alpinisten also gerade mal 30% der gewohnten Sauerstoffmenge zur Verfügung. Den meisten gelingt der Aufstieg deshalb nur mit Sauerstoffmaske.

Wir brauchen genügend Sauerstoff für die Aufrechterhaltung der körperlichen und geistigen Leistungsfähigkeit. Bereits ab etwa 1500 m Meereshöhe beginnt sich unser Körper auf die veränderten Bedingungen umzustellen. Wir spüren eine Steigerung der Atemfrequenz, wodurch mehr Sauerstoff ins Blut gelangt. Die Adaptionsreaktionen des Körpers laufen oberhalb rund 3000 m hochtourig, sodass sich in diesen Höhen die uns bekannten Beschwerden einstellen:

Der mit der Höhe zunehmende Sauerstoffmangel ist das Hauptproblem des extremen Höhenbergsteigens. Oberhalb von rund 5000 Metern ist eine vollkommene Akklimatisation nicht mehr möglich.

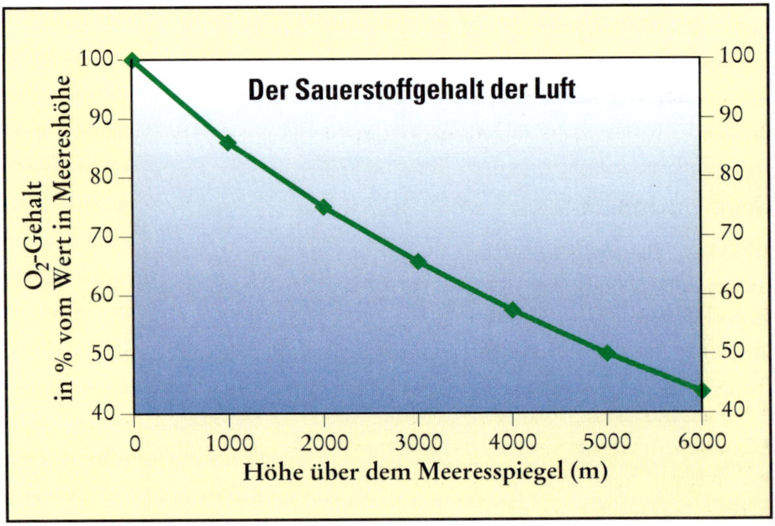

- Kopfschmerzen
- Schwindel
- Übelkeit
- Schlaflosigkeit
- Müdigkeit
- Psychische Effekte (rauschähnliche Euphorie, mangelnde Selbstkontrolle).

Für alle diese Erscheinungen findet man zuweilen den Begriff *Höhenkrankheit,* was aber irreführend ist, da die Symptome mit einer Krankheit im eigentlichen Sinne nichts zu tun haben. Je nach individueller Konstitution, Aufstiegsdauer und Höhe verschwinden die Beschwerden für gewöhnlich nach 2 bis 5 Tagen wieder. In dieser Phase der Adaption sollte man sich schonen. Nach Ende der Adaption ist das Stadium der *Akklimatisation* erreicht. Nur oberhalb von etwa 5300 m wird es weiterhin Probleme geben. Um eine optimale Akklimatisation zu ermöglichen, werden deshalb bei Unternehmungen in extremen Höhen die Basislager heutzutage nicht mehr oberhalb von 5000 m errichtet.
Das größte Problem für den Bergsteiger besteht aber nicht in den Adaptionsbeschwerden, sondern in der objektiven Verminderung seiner Leistungsfähigkeit. Und auf die ist der Alpinist in besonderem Maße angewiesen. Untersuchungen haben gezeigt, dass ein Großteil der Todesfälle beim Höhenbergsteigen auf Anpassungsprobleme im Zusammenhang mit der großen Meereshöhe zurückzuführen sind. Der mangelnde Sauerstoff im Hochgebirge erhöht also signifikant die Unfallgefährdung. Um dem entgegenzuwirken, gibt es zwei wichtige Regeln beim Höhenbergsteigen:

» **Auf Nahrung achten, die reich an Kohlenhydraten ist.**

» **Viel Flüssigkeit mit ausreichendem Gehalt an Mineralsalzen einnehmen.**

## Heilklimatische Effekte der Bergatmosphäre

In keiner anderen Region in Europa konzentrieren sich so viele Kurorte und Gemeinden mit ausgewiesener Erholungsfunktion wie im Alpenraum. Ein klarer Hinweis auf die Vielzahl günstiger bioklimatischer Bedingungen, die die Atmosphäre in einer Bergregion, zumal einer mit Hochgebirgscharakter, bietet:
- Reine Atmosphäre (arm an Staub, Schadgasen und Allergenen)
- Sonnenscheinreiches Klima (Nebelarmut, häufig Föhn)
- Reizklima (günstige Kombination von Einstrahlung, Trockenheit und Temperaturkontrasten)

- Leicht reduzierter Sauerstoffgehalt
- Geringe Wärmebelastung.

Das Ziel der Klimatherapie ist, den geschwächten Organismus starken Klimareizen auszusetzen. Als besondere Gunsträume haben sich hochgelegene Täler erwiesen. Das Engadin oder das Gasteiner Tal sind alpine Beispiele, aber auch im Hochschwarzwald findet man viele Orte mit vergleichbarem Erholungswert (u.a. St. Blasien, Titisee).
Hier erreichen alle genannten Faktoren eine Ausprägung, die als optimal im therapeutischen Sinne zu bezeichnen ist. Die kräftige Sonneneinstrahlung, große Temperaturschwankungen zwischen Tag und Nacht sowie die gesunde und leicht sauerstoffverarmte Atmosphäre, die den Erholungssuchenden in doppeltem Sinne tief durchatmen lässt, sind genau das Richtige für den Kreislauf. Neben einer positiven Stimulierung des gesamten Organismus entfaltet das Gebirgsklima eine besondere Heilkraft bei Erkrankungen der Atemwege.
Um in den Bergen die gewünschte Erholung zu finden, müssen wir nun aber nicht die ausgewiesenen Kurorte aufsuchen. Wichtig ist nur, dass der Urlaubsort die gewünschten bioklimatischen Gunstfaktoren aufweist. Im Einzelnen sollten wir darauf achten, dass der Ort

- mindestens 800 m Meereshöhe aufweist,
- außerhalb lokaler Taldüsen liegt (Engstellen, Passnähe),
- fern von Industriestandorten und Großstädten ist und
- in einem genügend besonnten Tal liegt (weder Engtal noch hohe Berge im Süden).

## Täler als Falle für Luftschadstoffe

In Tälern ist der Luftaustausch im Vergleich zur Flachlandatmosphäre gehemmt. Das fördert im Bereich von Industrieanlagen und den Großstädten mit ihrem hohen Verkehrsaufkommen die Ansammlung von Luftschadstoffen. Während im Sommer oft die Thermik für den nötigen Verdünnungseffekt sorgt, ist der Winter mit seinen häufigen Inversionswetterlagen eine Problemzeit.
In Mitteleuropa sind vor allem die Täler unter rund 800 m zwischen Oktober und Februar potentielle Sammelbecken für Luftschadstoffe. Der Grund ist die Höhenlage der Sperrschicht, die bei uns oft zwischen 600 und 800 m liegt. Oben der Deckel der Inversion, seitlich und unten Hänge und Talboden – die perfekte Falle für die Schadstoffe wie Schwefeldioxid ($SO_2$) und Stickoxide ($NO_X$), die sich rasch ansammeln. Betroffen durch Verätzungen der Schleimhäute sind vor allem Augen und Atemwege.

Ein Bild, das symptomatisch ist für das Schadstoffproblem bei winterlichen Inversionswetterlagen: Eine niedrige Höheninversion unterbindet die Verdünnung der Schadstoffe, da sie die Sperrschicht der Inversion nicht durchstoßen können und sich stattdessen horizontal ausbreiten. Die bodennahen Luftschichten reichern sich auf diese Weise in kürzester Zeit mit Schadstoffen wie Ruß und $SO_2$ an.

Lufthygienische Problemzonen im Alpenraum sind zum Beispiel das Klagenfurter und das Grazer Becken. Außerhalb Europas sind die Gebirgsbecken von Mexiko City und La Paz (Bolivien) für ihre hohen Luftbelastungswerte bekannt.

## Die Licht- und Schattenseiten der kräftigen Sonne

Gebirgsregionen und hier vor allem die höheren Tallagen sind generell reich gesegnet mit Sonnenschein. Dafür gibt es gleich mehrere Gründe:

- Im Winter oft oberhalb des Nebelmeers (Inversionswetterlagen) gelegen
- Im Sommer abseits der Quellwolken, die die Hänge und Kämme bevorzugen
- Wetterbesserungen beginnen im Gebirge stets oben
- Geringe Filterwirkung der (im Vergleich zum Tal) dünnen Wolken für Sonnenstrahlung
- Höhere Intensitäten der Einstrahlung dank wenig Dunst und dünner Atmosphäre.

Wenn wir an die bioklimatischen Auswirkungen denken, fallen uns vor allem die positiven Effekte der Sonne ein:

- Wohltuend für Psyche und Biorhythmus
- Heilwirkung durch Vitamin-D-Bildung
- Erhöhung der körperlichen Widerstandskraft
- Bakterientötende Wirkung des Ultraviolett-Anteils (UV-Anteils).

In Wolken und bei zugleich kräftiger Sonneneinstrahlung kann die allseitig einfallende Strahlung im verschneiten Hochgebirge so stark sein, dass Schneeblindheit und Orientierungslosigkeit durch Kontrastverlust drohen (White-out-Effekt).

Zu viel Sonnenlicht hat jedoch auch negative Folgewirkungen. Vor allem der UV-B-Anteil der Strahlung führt je nach Hauttyp bei längerer Exposition zu irreparablen Schäden. Die möglichen Effekte sind im Einzelnen:

- Erhöhung des Hautkrebsrisikos
- Akute Hornhaut- und Bindehautentzündungen am Auge (Extremfall Schneeblindheit)
- Vorübergehende Orientierungslosigkeit in greller Umgebung (White-out-Effekt).

Wir sollten uns bewusst sein, dass im Hochgebirge die solare Strahlungsintensität über Schneeflächen bis zu 150% des Normalwertes (ohne Schnee) betragen kann. Das ist aber noch nicht alles. Oft erhöht sich die Strahlungsbelastung zusätzlich durch die hellen Wolken am Himmel, sodass wir unter ungünstigen Bedingungen das Doppelte der Dosis abbekommen.

An die Vorsorgemaßnahmen müssen wir schon im Tal denken: Sonnenschutzmittel mit UV-Blocker, Kleidung, die der Sonne wenig Hautfläche bietet, Sonnenbrille. Natürlich können wir auch durch die Zeit, in der wir uns der Sonne aussetzen, die Gefahr der Schädigung positiv beeinflussen.

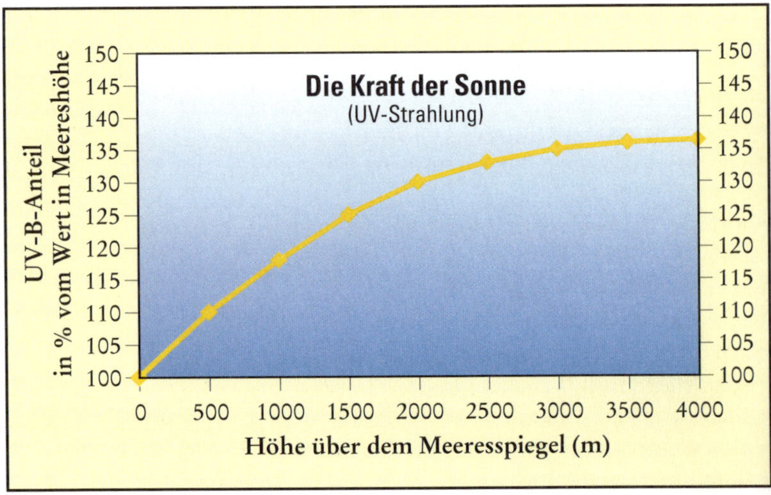


Die tiefen Temperaturen täuschen oft darüber hinweg, dass die Sonne (Ultraviolettstrahlung) im Hochgebirge wesentlich kräftiger ist als im Tal. Dabei ist die erhöhte Strahlendosis durch die Reflexion an Schnee- und Gletscherflächen hier noch gar nicht berücksichtigt.

# Die wichtigsten Wetterlagen im Alpenraum

## Der Alpenföhn – ein Naturphänomen mit vielen Facetten

Wie Föhn entsteht, haben wir bereits gesehen. Jedes Gebirge hat aber »seinen« Föhn mit eigenen, unverwechselbaren Eigenschaften. Auch der Alpenraum.

Verglichen mit den Rocky Mountains (USA) oder den patagonischen Anden tritt der warme Fallwind im Alpengebiet nicht sehr häufig auf. Ursache ist die West-Ost-Erstreckung des Alpenkörpers, die bei unseren vorherrschenden Westwinden nur eine geringe Föhnwirkung entfaltet. Wenn aber der Föhn da ist, weil die Großwetterlage einmal zu Nord- oder Südwinden führt, kann es im Alpenraum zu besonders starken Föhnereignissen kommen.

Die Erklärung liefert das spezifische Alpenrelief: In dem stark zerklüfteten Alpenmassiv gibt es viele Nord-Süd-verlaufende Quertäler. Sie fungieren als Beschleuniger der Föhnströmung. Und manche sind als »Föhnschneisen« geradezu berüchtigt, wie etwa das Rheintal bei Südwind oder das Eisacktal in Südtirol, das bei Nordwinden seine Düsenwirkung entfaltet.

Der Alpenföhn ist facettenreicher als man glaubt. Wer mit dem Klima des Alpenraums noch nicht so vertraut ist, mag gerade mit Verwunderung gelesen haben, dass man auf der Alpensüdseite den Föhn ebenfalls kennt! Doch im Grunde genommen ist das klar, wenn man weiß, dass dieser Fallwind immer dann auftritt, wenn eine Luftströmung ein Gebirge überwindet. Und in unserem wechselhaften Klima gibt es Nord- wie Südwinde – also muss es bei bestimmten Wetterlagen auch Föhn im Süden der Alpen geben. Neben dem *Südföhn* der Alpennordseite und dem *Nordföhn* der Alpensüdseite (Beispiel Eisacktal) müssen wir bei bestimmten Wetterlagen auch im westlichen Oberitalien mit Föhn rechnen *(Westföhn).*

Wetterbegünstigt bei Westwinden ist auch der Osten Österreichs. Dazu zählen in erster Linie das Wiener Becken und das Burgenland. Zudem kennt man in vielen inneralpinen Tälern Föhneffekte bei den unterschiedlichsten Windrichtungen.

Wir sollten uns schon bei der Planung einer Aktivität, sei es zu Lande, zu Wasser oder in der Luft, darauf einstellen, mit welchem Föhnwetter wir bei welchen Wetterlagen im Alpenraum zu rechnen haben. Denn jeder Föhn hat seine regionalen Besonderheiten.

## Die Auswirkungen einer Föhnwetterlage im Alpenraum

Der Föhn beeindruckt im Alpenraum durch ein beachtliches Wirkungsspektrum. Dabei wird oft vergessen, dass es zur gleichen Zeit auf der anderen Seite der Alpen, dort wo sich die Wolken stauen, ebenfalls zu spektakulären (aber ganz anderen) Wettererscheinungen kommen kann. Das betrifft das Wetter wie auch die Folgewirkungen, die so vielfältig sind wie bei keiner anderen Wetterlage:

- Im Tal 5 bis 15 °C höhere Temperaturen als sie der Jahreszeit entsprechen
- Im Tal große Trockenheit (10 bis 30% relative Luftfeuchte)
- Kräftige Sonneneinstrahlung, erhöhte UV-Strahlung
- Exzellente Fernsicht
- Starker bis stürmischer Wind, der sehr böig ist
- Veränderungen der Befindlichkeit (Migräne, Konzentrationsschwäche, Erregungszustände)
- Erhöhte Waldbrandgefahr (besonders im Frühjahr)
- Beschleunigte Schneeschmelze in tieferen Lagen (Föhn als »Schneefresser«)
- Erhöhte Lawinengefahr (beidseits des Alpenhauptkamms!)
- Ergiebige, zum Teil unwetterartige Niederschläge auf der anderen Alpenseite
- Gefahr von Murenabgängen und Hochwasser auf der anderen Alpenseite.

## Im Gebirge bei Föhnwetter

Wer einmal bei einer Föhnwetterlage eine Bergtour unternommen hat, weiß: Der Föhn zählt zu den schönsten Wetterlagen für diese Art der Freizeitaktivität. Kaum eine andere Wettersituation bietet günstigere atmosphärische Bedingungen zum Wandern und Bergsteigen, denn es ist warm (aber nicht schwül) und die Fernsicht ist großartig.

## Ungewöhnlich trockene und recht warme Luft

Beim Überqueren des Gebirges verliert die Luftmasse bereits drüben, auf der Stauseite der Alpen – aus unserer Föhnperspektive betrachtet also jenseits des Alpenhauptkamms – einen Teil ihrer Feuchtigkeit durch anhaltenden Regen oder Schneefall. Beim Abstieg diesseits des Alpenhauptkamms erwärmt sich die Luftmasse auf ihrem Weg nach unten nicht nur aus dynamischen Gründen (adiabatische Erwärmung), sondern auch dank der Sonne. Dadurch sinkt die relative Feuchtigkeit rapide. Je länger der Abstieg, desto trockener ist die Luft. Das ist der Grund, warum es bei Föhn gerade unten im Tal besonders warm und ungewöhnlich trocken ist! Feuchtewerte von unter 30% in den klassischen Föhntälern der Alpennordseite sind dann keine Seltenheit.

Für den Wanderer birgt dies eine Reihe von Vorzügen, es gibt aber auch Nachteile. Vorteil: Sonnenschein und Wärme. Dennoch ist die Wärmebelastung trotz der relativ hohen Temperaturen gering, da Gefahren wie Hitzschlag und Kreislaufprobleme meist nur in Kombination mit hohen Werten der Luftfeuchtigkeit bestehen. Einen steilen Aufstieg an einem sonnigen Südhang verkraften wir also bei Föhn viel leichter als bei anderen Schönwetterlagen, wenn die Luftfeuchtewerte für gewöhnlich höher liegen. Wir schwitzen weniger. Das beschert uns nicht nur ein angenehmeres Körpergefühl als sonst bei Wärme und Sonnenschein – es verringert auch die Gefahr, dass wir uns in exponierten Windecken eine Erkältung zuziehen.

Probleme mit Kälte in der Höhe kann es aber dennoch geben – und zwar durch die Überschätzung der Wärme im Tal. Denn bei Föhn ist der Temperaturunterschied Tal/Gipfel enorm. Daran sollten wir bei der Auswahl der richtigen Bekleidung denken:

» **Bei Föhn ist die Temperaturabnahme mit der Höhe größer als bei anderen Wetterlagen: auf 1000 Höhenmeter geht die Temperatur um 10 °C zurück. Zu berücksichtigen ist dann noch, dass die »gefühlte Temperatur« im Gipfelbereich wegen des starken Windes dort nochmals reduziert wird (vgl. S. 58). Ein praktisches Beispiel: das Tourenprogramm sieht relative Höhendistanzen von 1500 m zwischen Tal und Gipfel vor, und im Tal herrschen Temperaturen um 25 °C. Dann müssen wir uns »kleidungstechnisch« auf Temperaturen um den Gefrierpunkt einstellen, wenn wir den Gipfelsturm ohne gesundheitliche Folgeschäden erleben wollen. Bei Bergwanderungen im Föhn gehört ein dicker Pullover immer mit ins Gepäck!**

Wenn wir gerade beim Rucksackpacken sind: Die ungewöhnlich trockene Luft bedeutet auch einen Wermutstropfen für den aktiven Bergsportler, denn wir verlieren beim Wandern und Klettern viel Wasser, zusammen mit lebenswichtigen Mineralsalzen. Der Flüssigkeitsbedarf ist in der Föhnluft enorm. Daran müssen wir natürlich schon im Tal denken, wenn der Proviant ausgewählt wird.

» **Sportmediziner empfehlen bei solch trockener Luft, wie sie im Föhn beobachtet wird: Während einer ganztägigen Wandertour mindestens 4 Liter Flüssigkeit zu sich nehmen. Und: pro Stunde starker körperlicher Anstrengung 1 Liter zusätzlich!**

Dass Alkohol tabu ist, sollte klar sein. Schließlich ist das herrliche Föhnwetter schon berauschend genug.

## Kräftige Sonneneinstrahlung

Dank der Lufttrockenheit im Föhn reißt die Bewölkung auf, übrig bleiben vereinzelte dünne hohe Wolken, durch die die Sonne hindurchscheinen kann. So entsteht das charakteristische Schönwetter bei Föhn.
Bei aller Begeisterung über das schöne Wetter vergessen wir oft, dass die Sonnenstrahlung, und damit auch der schädliche UV-Anteil, mit zunehmender Höhe an Intensität gewinnt – auch wenn es mit jedem Schritt hinauf kühler wird. Bei Föhn ist die Luft geradezu befreit von Staub- und Dunstpartikeln, die uns sonst immer einen Teil der Strahlung vorenthalten. Ergebnis: wir bekommen die volle UV-Dosis serviert. Die Gefahr von Sonnenstich und Sonnenbrand ist bei dieser Wetterlage groß.

» **Zwei wichtige Tipps bei Föhnwetterlage lauten deshalb:**
- **Nicht ohne Kopfbedeckung gehen.**
- **Und besonders wichtig: das Eincremen nicht vergessen! Dabei im Zweifelsfall um 1 bis 2 Stufen höhere Sonnenschutzfaktoren wählen.**

## Starke Windböen

Der Föhn ist wie jeder Fallwind eine sehr böige Luftströmung. Die Ursache liegt in der Reibung der starken Luftströmung mit dem rauhen Alpenrelief. Das führt zu Windverstärkungen im Gipfelbereich und zu starker Turbulenz im Lee der Gipfel. Temperaturunterschiede zwischen den Eisregionen oben und den erwärmten Tälern verstärken die Turbulenzen zusätzlich. Zudem sammeln Täler, die parallel zur Luftströmung orientiert sind, den Wind und bündeln ihn zugleich. Manche Täler verwandeln sich deshalb bei Föhn in gefährliche Winddüsen. In solchen Tälern kann der Föhn so stark wie auf den Gipfeln wehen! Eine berüchtigte Föhnschneise

der Alpen ist zum Beispiel das Rheintal zwischen Chur im Süden und der Mündung in den Bodensee im Norden (zwischen Bregenz und Rorschach). Hier kann sich der Föhnsturm zum Orkan steigern, die Schäden gehen dann nicht selten in die Millionen.
Was bedeutet das nun alles für den Wanderer und Bergsteiger?

» **Wer den Föhn nicht unbedingt von seiner unsanften Seite kennen lernen will, sollte folgende Föhnregeln beherzigen:**

- **Bei starkem Föhn nach Möglichkeit die exponierten Kuppen, Grate und Gipfel meiden. Denn hier müssen wir mit bis zu 200% höheren Windgeschwindigkeiten rechnen.**
- **Wer den Gipfelsturm (im wahrsten Sinne des Wortes) trotzdem wagen will, sollte zumindest die Aufenthaltszeit am Ziel reduzieren. Der Auskühlungseffekt oder »wind chill«, wie es im Meteorologenjargon heißt, ist bei dieser Wetterlage enorm.**
- **Eine andere Gefahr sind die starken Turbulenzen. Die Überraschungswirkung und die große Beschleunigung bilden hier eine unheilige Allianz. Das Resultat sind Böen, die urplötzlich auftreten. Sie können selbst von der Konstitution her sehr »bodenständige« Wanderer zu Fall bringen und Kletterer abstürzen lassen. Die am meisten turbulenzgefährdeten Geländeteile sind Leehänge, und hier besonders der Oberhangbereich. Also: Vorsicht vor Fallböen an den hochgelegenen Nordhängen!**
- **Die Stärke und damit auch die Gefährlichkeit der Turbulenzen wächst mit der Windstärke (im Gipfelniveau).**
- **In Tälern, die in Nord-Süd-Richtung verlaufen, fallen die Föhnböen bis zum Talboden herab. Hier erreichen sie besonders in den Verengungen und auf kleinen Kuppen eine Stärke, die dem Gipfelsturm in keinster Weise nachsteht!**

Der böige Wind stellt für die Wassersportler ein noch größeres Problem dar. Als Segler und Surfer bekommen wir bei dieser Wetterlage zwar das, was wir brauchen: Wind. Jedoch sollte diese Antriebskraft möglichst gleichmäßig funktionieren – eine stete Brise ist gefragt. Dabei bevorzugt der Surfer Stärken von 4 bis 6 Bft. (Beaufort), für den Segler sind 3 bis 5 Bft. optimal. Was der Föhn dem Segler serviert, entspricht nicht dem Wunschbild des Wassersportlers.
Die Föhnströmung ist von Natur aus sehr turbulent. Das bedeutet, der Wind wechselt stark in Richtung und Geschwindigkeit. Solche Überraschungseffekte sind gerade dem Wassersportler ein Greuel. Zum einen ist die Gefahr groß, ein ungeeignetes Segel aufzuziehen – nur weil der Wind zur Vorbereitungszeit am Strand bzw. Steg nicht repräsentativ wahr. Später, auf dem Wasser, häufen sich mit den plötzlich einfallenden Böen dann auch die Adrenalinschübe beim Sportler. Wehe dem, der sich für ein zu großes Segel entschieden hat. Viele Kenterunfälle geschehen bei Föhnwet-

Für die Surfer am oberbayerischen Kochelsee ist der böige Föhn nicht der Idealwind – dennoch begrüßt man in diesem nicht gerade vom Wind verwöhnten Revier jedes Lüftchen, das das Brett ins Gleiten bringt.

terlagen, weil man die Gewalt der Böen unterschätzt hatte. Sogar die Starkwindsurfer, sonst für jede Sturmwetterlage zu haben, zählen den Föhn nicht zu ihren Favoriten. Auch ihnen ist diese Luftströmung zu böig.

Die Teilnehmer des traditionsträchtigen Centomiglia-Wettbewerbs auf dem Gardasee werden 1996 nicht so schnell vergessen. Just am Starttag der alljährlich stattfindenden Regatta brach ein gewaltiger Nordföhn über die Region herein. Bei stürmischen Winden und zweieinhalb Meter hohen Wellen kenterten zahlreiche Boote. Den meisten wurden die unberechenbaren Föhnböen zum Verhängnis.

Im Folgenden zwei Regeln für Surfer und Segler, die den Windverlauf bei Föhn zumindest ein wenig berechenbarer machen:

» **Im Frühjahr und Sommer schwächen thermische Winde die Föhnströmung im Tagesverlauf. Diese viel gleichmäßiger wehenden Winde erreichen ihr Maximum in den Mittags- und Nachmittagsstunden. Deshalb sind die Föhnböen in den Morgen- und Vormittagsstunden häufig stärker und turbulenter als später am Tag. Fazit: Spätaufstehen sei ausnahmsweise erlaubt, denn fürs Surfen und Segeln an Föhntagen ist die zweite Tageshälfte die bessere Zeit.**

» **Ein wichtiges Warnzeichen am Himmel: Im Vorfeld starker Föhnböen bilden sich manchmal Cumuluswolken im Lee der hohen Gipfel, die ziemlich zerzaust aussehen und wegen ihrer fast kreisförmigen Bahn (um eine horizontale Drehachse) von den Meteorologen Rotorwolken genannt werden.**

## Große regionale Windunterschiede

Im Unterschied zu anderen Winden ist der Föhn auch in räumlicher Hinsicht sehr variabel. Zum Beispiel gilt eine Föhnwetterlage, wenn sie nicht sehr ausgeprägt ist, auf vielen Seen im Alpenvorland als ausgesprochene Schwachwindlage. Doch zur gleichen Zeit kann es direkt am Fuße der Alpen stark wehen. Dabei gilt:

» **Vom Föhn betroffen sind vor allem die Seeabschnitte im Mündungsbereich von (Nord-Süd-verlaufenden) Föhntälern.**

Unter den ortskundigen Seglern und Surfern sind die berüchtigten Föhnecken bekannt. Anfällig für Südföhn sind besonders der östliche Bodensee, der Vierwaldstätter See und der Tegernsee, für Nordföhn der Lago Maggiore, Comer See und der Gardasee. Meist machen die Wassersportler zudem die Erfahrung, dass die Föhnstärke mit der Nähe zum Alpenrand zunimmt:

» **Bei starkem Föhn meide man auf den föhnanfälligen Seen möglichst die alpennahen Seeabschnitte!**

Diese Abschnitte liegen in der Nähe der Düse des Föhntals, außerdem ist hier der Überraschungseffekt der Böen größer. Denn als Segler und Surfer achtet man auf die Kräuselung der Wasseroberfläche in Luv, um die Böen und ihre Stärke rechtzeitig erkennen zu können. Im Bereich der alpennahen Seeabschnitte kommt der Wind jedoch ablandig, das Wasser als Windzeiger fehlt. Berüchtigt in dieser Hinsicht sind zum Beispiel das österreichische Bodenseeufer, der südöstlichste Zipfel des Vierwaldstätter Sees (Mündung des Reusstals) oder der Nordteil des Gardasees (bei Nordföhn).

Wenn der Nordföhn bläst, ist die Stunde der Starkwindsurfer am Gardasee gekommen.

## Erhöhte Sonnenbrandgefahr

Der Südföhn »reinigt« die Atmosphäre von trübenden Teilchen (Dunst, Staub). Zusätzlich stehen über den Seen des Alpennordrands häufig wie festgenagelt Altocumulus lenticularis-Wolken. Diese »Föhnfische« lassen einen Großteil der Sonnenstrahlung hindurch, deshalb erscheinen diese Wolken grellweiß. Hinzu gesellen sich in der Regel hohe Schleierwolken, die ebenfalls eine hohe Leuchtkraft besitzen. Das Ergebnis:

» **Bei Föhn ist die UV-Strahlungsdosis hoch, hervorgerufen durch eine hohe Transparenz der Atmosphäre und Wolken. Besonders der Segler sollte entsprechend vorsorgen (Kopfbedeckung, Sonnenbrille, Sonnencreme). Denn die Reflexion der Sonne an Bord (weiße Segel, heller Deckanstrich) setzt die Crew einer erhöhten Strahlungsbelastung aus, die bis zu 150% der Normaldosis betragen kann! Dasselbe gilt für Ski- und Hochtourengeher, denn der Schnee hat den gleichen Effekt.**

## Eine brillante Sicht

Wenn wir wandern, klettern und bergsteigen, spielt die Orientierung im Gelände eine wichtige Rolle. Typisch für Föhn ist das fast völlige Fehlen von Dunstschichten und niedrigen Wolken. Außerdem verhindert die außergewöhnlich trockene Luft zusammen mit der für den Föhn typischen Böigkeit des Windes, dass sich trübende Luftbestandteile, seien es Dunstschichten oder Staub- und Rauchpartikel, ansammeln können. Ergebnis: Sichtweiten von über 100 Kilometern!
Wie beeinflusst uns das nun als Wanderer und Bergsteiger? Zunächst einmal fühlen wir uns sicherer im Gelände – einfach deshalb, weil wir die

In der klaren Föhnluft erscheinen uns die Berge wie zum Greifen nah – auch wenn sie mehr als 20 Kilometer entfernt sind wie auf dieser Aufnahme aus dem bayerischen Oberland.

Umgebung klarer und in allen Details wahrnehmen. Das ist nicht nur ein psychologischer Pluspunkt (eine klare Sicht »weitet die Seele«, sagt man), sondern auch ein Sicherheitsfaktor, gerade bei technisch schwierigen Touren in neuer Umgebung.
Eine klare Sicht bedeutet zudem, dass die Licht-Schatten-Kontraste groß sind. Damit treten die Strukturen in der Berglandschaft deutlicher hervor. Steile und flache Hangpartien lassen sich klarer voneinander unterscheiden als unter anderen meteorologischen Bedingungen. Alles in allem sind dies sehr günstige Bedingungen für eine im wahrsten Sinne des Wortes »vorausschauende« Wegplanung unterwegs.
Allerdings neigt man in sehr klarer Luft dazu, die Entfernungen zu unterschätzen. Gerade während einer solchen Wetterlage darf die alte Regel für Tourengänger nicht vergessen werden, die nicht nur für Newcomer im Gelände gilt:

» **Stets alles verfügbare Kartenmaterial mitnehmen – auch wenn wir das Gebiet zu kennen meinen!**

Solche »Einblicke«, zur richtigen Zeit am richtigen Ort, helfen sehr dabei, die Entfernungshierarchien der Umgebung wieder in die richtige Perspektive zu rücken. Denn so manch unglücklicher Ausgang einer Schönwettertour (Abstürze oder auch nur ein ungeplantes Notbiwak, weil »von der Dämmerung überrascht«) beruht auf einer allzu euphorischen Tourenplanung angesichts der brillanten Föhnsicht.
Wer im Gebirge gerne fotografiert, weiß die Vorzüge einer Föhnwetterlage zu schätzen. Die Farben in der Natur gewinnen an Leuchtkraft. In der klaren Luft lassen sich zudem Panoramaaufnahmen von seltener Schönheit machen. Im Zusammenspiel von Licht, Schatten und Luftklarheit treten Gebirgszüge in Profil und Aufbau in fast unwirklicher Deutlichkeit hervor. Leistungsstarke Teleobjektive lassen sich bis zur maximalen Vergrößerungsstufe ausreizen – und es gelingen brillante Aufnahmen weit entfernter Gipfel, die sich bei anderen Wetterlagen für gewöhnlich unserem Blick entziehen.

## Macht der Alpenföhn krank?

»Ich fühle mich unwohl, heute muss Föhn sein.« Diesen Ausspruch hört man in Alpennähe immer wieder – etwa fünfmal häufiger als es nach der amtlichen Statistik Föhntage gibt. Fest steht, dass dieser warme Fallwind in breiten Kreisen der Bevölkerung Süddeutschlands keinen guten Leumund hat. Statistische Untersuchungen belegen angeblich, dass der Föhn zu Migräneanfällen führt, die Unfallrate im Straßenverkehr drastisch ansteigen lässt, ja sogar die Suizidbereitschaft signifikant erhöht. In manchen Münchener Krankenhäusern wird bei Föhn nicht operiert.

Dolch solche Untersuchungen sind umstritten. Denn statistische Analysen der Zusammenhänge zwischen Wetter und menschlichem Verhalten sind mit einem grundsätzlichen Unsicherheitsfaktor behaftet: Es gibt neben dem Föhn viele andere, meist innere, physiologische Gründe für Unwohlsein. Diese lassen sich mit sauberen wissenschaftlichen Methoden leider nicht klar genug von Umweltfaktoren wie Föhn separieren. Es ist also nicht richtig, von statistischen »Beweisen« zu sprechen.

Es sollte zudem zu denken geben, dass Föhn am Südrand der Alpen ebenfalls vorkommt, und natürlich auch in vielen anderen Bergregionen der Erde – dort sind Föhnbeschwerden aber unbekannt!

Auch wenn ein Zusammenhang zwischen Föhn und Gesundheit statistisch gesichert wäre, bliebe die Frage: In welcher Weise sollte warmes Schönwetter, wie es beim Föhn auftritt, zu gesundheitlichen Beeinträchtigungen führen? In der biometeorologischen Forschung werden zur Zeit zwei verschiedene Erklärungsansätze diskutiert:

- Rasche Luftdrucksprünge von wenigen Sekunden bis Minuten
- Grelles Himmelslicht.

In der Tat beobachtet man während einer Föhnphase kurzfrequentige, ungewöhnlich starke Luftdruckschwankungen. Diese kurzfristigen Luftdruckänderungen – vergleichbar mit denen, die wir in einem Hochhauslift mitmachen – können durchaus zu Unwohlsein führen.

Nach wie vor ungeklärt ist die Herkunft der subjektiven Föhnbeschwerden. Eine mögliche Ursache vermuten die Wissenschaftler in den ungewöhnlich starken Luftdruckschwankungen, denen wir während einer Föhnphase ausgesetzt sind.

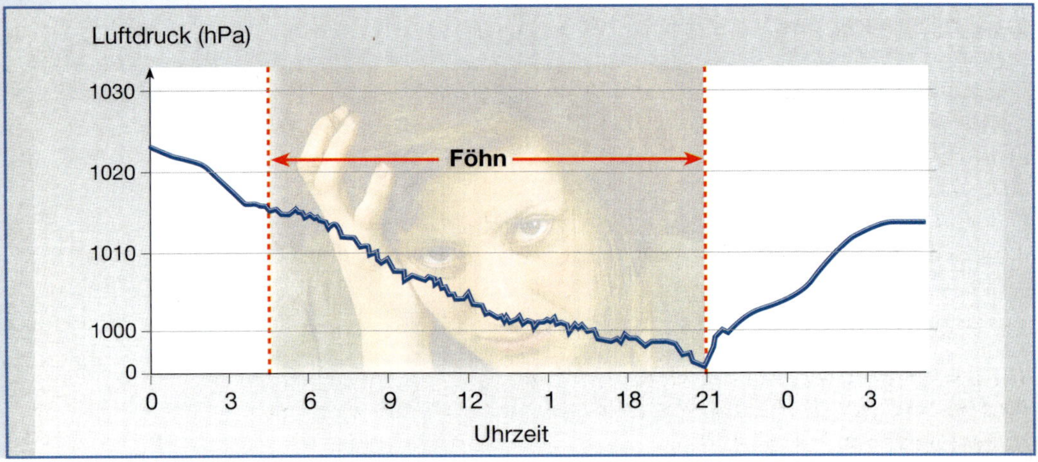

Ein plausibles Argument ist auch die Erklärung hinsichtlich der großen Lichtbelastung. Selten ist das Himmelslicht stärker als zu Beginn einer Föhnperiode. Eine ungewohnte Lichtdosis erhält unsere Netzhaut vor allem abseits der direkten Sonne. Diese sogenannte diffuse Himmelsstrahlung erreicht ungewöhnlich hohe Werte, wenn Föhn im Anzug ist. Ursache sind die zahlreichen »Föhnfische« (Altocumulus lenticularis-Wolken) und viele Schleierwolken, von denen ein grelles Licht ausgeht. Das ist oft zu viel des Guten für die Nervenzellen. Die Folge sind Kopfschmerzen und Unkonzentriertheit, die klassischen subjektiven Föhnbeschwerden.

Inzwischen hat sich in der Fachwelt die Meinung durchgesetzt, dass der Föhn zu Unrecht verteufelt wird. Föhn macht keinesfalls krank, er kann aber bei besonders wetterfühligen und lichtempfindlichen Menschen zu subjektiven Beschwerden führen. Vor allem zu Beginn einer Föhnphase.

Mit Blick auf die Hauptphase des Föhns können wir sogar feststellen, dass er bioklimatisch eigentlich mit vielen positiven Eigenschaften aufwartet:

- Sehr reine Luft (Minimum an Schadstoffen und oft auch an Allergenen)
- Geringer Wasserdampfgehalt der Luft (selten Schwüleempfindungen)
- Frischer Wind
- Erhöhte Sonneneinstrahlung.

Es sind im Grunde genommen genau die Zutaten einer »Wetterküche«, wie sie sich viele Kurorte im Alpenraum das ganze Jahr über wünschen würden. Der Föhn zeigt alle Eigenschaften eines *Reizklimas,* dessen gesundheitsfördernde Wirkung zum Beispiel von Ärzten im Rahmen der *Klimatherapie* gezielt genutzt wird.

## Der Föhn der Nordalpen (Südföhn)

Der Südföhn ist der bekannteste Föhn im Alpenraum. Er tritt weniger häufig als die anderen regionalen Föhnvarianten auf, ist aber durch seine Windstärke und sein abruptes Ende besonders spektakulär. Den hohen Temperaturen bei Südföhn ist es zu verdanken, dass in vielen auch hochgelegenen Tälern Mais angebaut werden kann. In den großen Föhntälern von Rhein und Inn ist bis in eine Meereshöhe von 600 m sogar Weinbau möglich.

### Der Wind

Bei den Windrekorden hat der Südföhn stets die Nase vorn. Ein starker Südföhn bringt auf den Berggipfeln stets Orkan (118 km/h und mehr) und in den Föhntälern Sturmböen.

Unvergessen bleibt der große Föhnsturm vom Oktober 1987. Er forderte Menschenleben und richtete vor allem in der Ostschweiz und im Wallis Sachschäden in mehrfacher Millionenhöhe an. Wie so oft wütete der Sturm im Rheintal oberhalb des Bodensees sowie im Tal der Reuss am stärksten. Zwischen Lindau und Rorschach sanken zahlreiche Schiffe. Seilbahnen mussten ihren Betrieb einstellen. Straßen wurden aufgrund umgestürzter Bäume gesperrt. Der Föhnsturm riss ganze Schneisen in Bergwälder. Während man verbreitet Sonnenschein und eine brilliante Fernsicht beobachtete, verdunkelte sich im Reusstal (südlich des Vierwaldstätter Sees) zwei Tage lang der Himmel und die Sichtweite sank auf wenige 100 Meter herab. Der Grund: feiner Sand wurde durch den Föhnsturm im Hochwasserbett des Flüsschens hochgewirbelt und jagte mit Spitzenböen bis zu 126 km/h als Sandsturm durch das Tal.

## Die klassischen Föhntäler

Vom Südföhn besonders betroffene Talabschnitte sind von West nach Ost:

- Rhône zwischen Martigny und dem Genfer See
- Saane (Schweiz), und Aare zwischen Bern und Spiez
- Alle großen Täler am Südende des Vierwaldstätter Sees
- Linth zwischen Glarus und dem Zürichsee
- Rheintal zwischen Chur und Bregenz
- Montafon
- Iller zwischen Oberstdorf und Kempten
- Lech zwischen Stanzach und Forggensee
- Loisach zwischen Garmisch-Partenkirchen und dem Staffelsee
- Inntal: Reschenpass bis Prutz, Telfs bis Rosenheim
- Ötztal oberhalb Sölden, Wipptal, und Zillertal oberhalb Zell a. Ziller
- Tiroler Ache zwischen Kössen und dem Chiemsee
- Pinzgau (südliche Seitentäler)
- Salzach zwischen St. Johann und Salzburg
- Traun zwischen Bad Ischl und Gmunden
- Pyhrn: Pyhrnpass bis Windischgarsten
- Enns zwischen Hieflau und Weyer Markt.

## Wetter und Temperaturen

Der Südföhn bringt viel Sonnenschein, doch ziehen immer wieder hohe Schleierwolken (Cirrus, Cirrostratus) durch. Darunter bilden sich die bekannten linsenförmigen Wolken (Altocumulus lenticularis), die oft über den Bergkämmen stehen. Vergleichbar mit stehenden Wellen in Stromschnellen, bewegen sie sich kaum von der Stelle, verändern aber ständig ihre Form.

Da die Wolkenauflösung in der Regel ein viel größeres Gebiet nördlich der Alpen erfasst als der trocken-warme Föhn selbst, erleben wir im nördlichen Alpenvorland nicht selten »föhnige Aufheiterungen«, aber der echte Föhn bleibt aus. So weist die Klimastatistik den Alpennordrand als Zone größter Föhnhäufigkeit aus. Hier gibt es je nach Tal zwischen 40 und 70 echte Föhntage im Jahr. Schon in München sind es nur noch 15 Tage, und an der Donau hat Föhn Seltenheitswert.

Ein weiteres Merkmal des Südföhns sind die hohen Temperaturen. Im Unterschied zum Nordföhn ist der Temperaturanstieg beim Föhnbeginn beträchtlich. Der Grund dafür ist, dass die aus Süden heranwehende Höhenluft, die sich ja beim Abstieg erwärmt (Föhn), schon in der Höhe, also sozusagen von Haus aus, recht warm ist.

Innerhalb von einer Stunde kann das Quecksilber um 5 bis 10 °C ansteigen, im Winterhalbjahr, wenn zuvor ein Kaltluftsee das Tal erfüllte, bis zu 15 °C. Zugleich sinkt die relative Luftfeuchtigkeit schlagartig um 50 bis 70%. Man sagt, der Föhn ist »durchgebrochen«. Solch ein abrupter Wetterwechsel ist typisch für den Föhnbeginn in den Alpen und am unmittelbaren Alpenrand. Im Alpenvorland hingegen vollzieht sich der Wechsel allmählicher und etwas verspätet. So kann am frühen Morgen in Oberstdorf schon ein starker Südwind wehen, der das Quecksilber auf 20 °C getrieben hat, während in Augsburg bei Temperaturen um 10 °C noch Nebel herrscht.

Kurz vor dem Zusammenbruch des Föhns. Eine Kaltfront hat den Alpenrand erreicht und trifft hier auf seinen Gegenspieler, den trockenen Föhn. Die Morgensonne wirft ein dramatisches Licht auf die Frontbewölkung.

## Dauer und Ende einer Föhnperiode

Südföhn hält im Mittel 12 bis 36 Stunden an. Eine Föhnperiode, die ununterbrochen mehr als 48 Stunden andauert, ist schon etwas Seltenes. Allerdings kommt es vor, dass sich eine Südströmung immer wieder regeneriert. Und zwar dann, wenn westlich der Alpen eine rege Tiefdrucktätigkeit herrscht, während sich im Osten ein stabiles Hoch hält. In einem solchen Fall überqueren schwache Wetterfronten etwa im Zwei-Tage-Rhythmus die Alpen, dahinter lebt aber der Südföhn stets von neuem auf. Eine föhnreiche Wetterphase der beschriebenen Art hält in der Regel 4 bis 6 Tage an. Das (endgültige) Ende der Föhnperiode wird durch eine Kaltfront eingeleitet, die sich von Westen oder Nordwesten her dem Alpenraum nähert. Interessanterweise ist kurz vor der Front der Föhn oft am stärksten. Im Satellitenbild zeigt sich das Phänomen im Vorfeld des langen Wolkenbandes der Schlechtwetterfront in Gestalt einer auffälligen Wolkenlücke direkt am Alpenrand: das sogenannte *Föhnfenster.* Bei der Passage der Front müssen wir mit einem regelrechten Temperatursturz rechnen, im Sommerhalbjahr oft begleitet von heftigen Gewittern. Der Wetterwechsel ist so abrupt, weil der Föhn in der Regel direkt in eine Stauwetterlage übergeht. Starker Südföhn ist also mittelfristig gesehen immer ein Schlechtwetterzeichen.

## Die Hochsaison

Die Statistik hat auch einen weiteren, interessanten Wesenszug der Südströmung aufdecken können: Die durchschnittliche Wahrscheinlichkeit für Föhn ändert sich im Jahresverlauf. Frühjahr und Herbst bringen die meisten Föhntage, im Sommer und Winter hingegen ist Föhn seltener. Das liegt an der Großwetterlage. In den Übergangsjahreszeiten stellen sich häufiger südliche Luftströmungen ein als sonst. Zwar sind im Winter Südwestwinde auch nicht selten, doch verhindern die Kaltluftseen in den Alpentälern, die zu dieser Zeit recht hartnäckig sind, dass sich der Föhn bis zum Boden durchsetzen kann.

Der Begriff der Großwetterlage führt uns zum nächsten Föhnmerkmal.

An jenem 3. Oktober 1999 näherte sich von Westen her eine Kaltfront mit ihrem Wolkenband. Sie führte zum Zusammenbruch des Föhns am Nordrand der Alpen. Zum Zeitpunkt der Aufnahme hielt sich die warme Südströmung noch tapfer als »Föhnfenster« im Norden Österreichs.

Südwestwinde bringen den Föhn der Nordalpen, während wir im Westen und Süden des Alpenhauptkammes mit Wolken und Stauniederschlägen rechnen müssen.

## Die Wetterkarte

»Ist Föhn zu erwarten oder nicht?« Die beste Methode, um unabhängig von der amtlichen Wettervorhersage zu einer Antwort zu kommen, ist der Blick in die Zeitungs- oder Fernsehwetterkarte. Auch im Internet finden sich gute Wetterkarten (siehe Anhang).

Voraussetzung für Südföhn ist eine Luftströmung, die die Alpen von Süden her überwinden muss. Das können Südwest-, Süd- oder Südostwinde sein. Da die Luft Tiefs linksherum, und Hochs rechtsherum umkreist (von oben betrachtet), gibt es im Alpenraum nur dann südliche Winde, wenn sich westlich der Alpen ein Tief befindet und östlich der Alpen ein Hoch. Daraus resultiert ein Luftdruckgefälle über den Alpen. Das erzeugt den Südwind.

Erfahrungsgemäß ist ein starker Föhn zu erwarten, wenn mindestens vier Luftdrucklinien (Isobaren, gezeichnet im Abstand von 5 Hektopascal) die Alpen queren. Das ist oft dann der Fall, wenn sich ein Tief über Frankreich und ein Hoch über dem Balkan gegenüberstehen und das Tief langsam näher kommt – während das Hoch im Osten standhaft bleibt! Damit verschärft sich das Luftdruckgefälle über den Alpen, und der Föhn wird stürmisch.

## Tipps für die kurzfristige Reiseplanung

Kennen wir die klassischen Südföhn-Regeln, lässt sich das Ausflugsprogramm optimal an die Wettersituation anpassen. Die Kernfrage heißt: Wann, wo und wie lange können wir noch mit dem schönen Föhnwetter rechnen ?

**»› Der Föhn bricht in den nächsten Stunden zusammen:**

- **Der Luftdruck beginnt kontinuierlich zu steigen.**
- **Die Sicht verschlechtert sich.**
- **Niedrige Wolken ziehen heran und verdichten sich.**
- **Im Westen sind Schauer und Gewitter zu erkennen.**

**»› Der Föhn bleibt uns nur noch heute erhalten:**

- **Die aktuelle Wetterkarte oder das Satellitenbild zeigen eine Schlechtwetterfront über Ostfrankreich, die zu den Alpen hin gebogen ist und hinter der atlantische Kaltluft einfließt (Kaltfront).**
- **Der Föhn hat sich seit gestern immer mehr gesteigert (Höhepunkt oft kurz vor dem Ende).**

**»› Der Föhn bleibt uns auch morgen noch treu:**

- **Der Luftdruck fällt nur sehr langsam und die aktuelle Wetterkarte zeigt nicht nur im Alpenraum, sondern auch über Frankreich südliche Winde (einheitliches Luftdruckgefälle zwischen Atlantik und Ostalpen).**
- **Im aktuellen Satellitenbild sieht man, dass die nächste atlantische Schlechtwetterfront erst den Westen Frankreichs erreicht hat oder sogar noch weiter im Westen, über dem Ozean, liegt.**

**»› Wo liegen die Grenzen der Föhnregion?**

- **Das schöne Wetter konzentriert sich auf das Nordalpengebiet und das Alpenvorland. Im Spätherbst und Winter kann allerdings das gesamte Alpenvorland unterhalb 700 m, vom Schweizer Mittelland im Westen bis zum Wiener Becken im Osten, unter einer hartnäckigen Hochnebeldecke liegen.**
- **Nach Süden zu wird der Südföhn durch eine scharfe Wetterscheide begrenzt. Sie verläuft entlang des Alpenhauptkammes von West nach Ost: Montblanc-Massiv – Walliser Alpen – Adula – Berninagruppe – Ötztaler Alpen – Zillertaler Alpen – Hohe Tauern – Niedere Tauern – Hochschwab. Achtung, südlich dieser Wetterscheide herrscht während einer Südföhnlage das denkbar schlechteste Tourenwetter!**

# Der Föhn der Südalpen (Nordföhn)

Der Nordföhn ist nicht so bekannt wie der Südföhn. Dabei tritt er viel häufiger auf! Da dies aber südlich des Alpenhauptkammes geschieht, wo die Wetterbedingungen sowieso generell günstiger sind, wird er dort weniger intensiv wahrgenommen. Zudem sind die Wettererscheinungen nicht so spektakulär: Schwere Sturm- oder gar Orkanböen in Tallagen sind sehr selten. Und der markante Temperatursturz gegen Ende der Föhnperiode, wie wir ihn von den Nordalpen kennen, fehlt beim Nordföhn.
Der Nordföhn leistet einen wesentlichen Beitrag zu dem guten Ruf, den das Tessin, die Lombardei und Südtirol als die »Sonnenstuben« der Alpenregion genießen. Er lässt in manchen Klimaoasen den Frühling vier Wochen früher einziehen als in den Tälern der Alpennordseite.

## Der Wind

In den klassischen Nordföhntälern der Alpensüdseite kennt man den *Tedesco,* den »Deutschen«, wie ihn die Italiener nennen, als einen recht rauhen Gesellen. Er weht mäßig bis stark, seine hervorstechendste Eigenschaft ist aber die große Böigkeit. Die Erklärung dafür finden wir in der Herkunft der Luft. Es sind meist polare Luftmassen, die zwar ihre Feuchtigkeit beim Überwinden der Alpen im Norden zurücklassen – im Nordstau der Alpen herrscht nasskaltes Regenwetter – doch die kühle Luft der höheren Luftschichten wird mit der Strömung mitgerissen. So kommt südlich des Alpenhauptkammes eine ganz spezielle Luftmassenmischung an: oben kühl, unten föhnig erwärmt. Der Meteorologe nennt das eine *labile Luftschichtung.*
In derart geschichteten Luftmassen ist der Wind immer außerordentlich böig. Die Labilität der Luftmasse erreicht mittags und nachmittags meist ihren Höhepunkt, wenn die kräftige Sonne die Föhnluft zusätzlich aufheizt. Die Allianz von Föhnturbulenz und Thermik macht auch in den Tälern kurzzeitig Sturmböen möglich und treibt die Föhnböen bis in die Poebene herab. In den Niederungen Kärntens und im Grazer Becken frischt der Nordwind bei dieser Wetterlage ebenfalls böig auf.
Zum Abend hin kühlt sich die Luft ab. In den Beckenlagen Österreichs und in der Poebene ist nun der Föhnspuk vorbei, und auch in den Alpentälern beruhigt sich der Föhn.

## Die klassischen Föhntäler

Vom Nordföhn besonders betroffene Talabschnitte sind von West nach Ost:

- Dora Baltea zwischen Chatillon und Ivrea
- Toce oberhalb Verbania (Lago Maggiore)
- Ticino zwischen Biasca und den Nordufern des Lago Maggiore
- Mera zwischen Chiavenna und dem Nordufer des Comer Sees
- Val Seriana (oberhalb Bergamo)
- Val Camonica (oberhalb Iseo-See)
- Nordufer des Gardasees
- Adige (Etsch) zwischen Bozen und Rovereto
- Piave (oberhalb Belluno)
- Isel in Osttirol (oberhalb Lienz)
- Talzüge südlich des Hohen Tauernpass (Mallnitz bis Spittal)
- Drau zwischen Spittal und Villach
- Görtschitz zwischen Hüttenberg und Brückl
- Lavant zwischen Bad St. Leonhard und Lavamünd
- Mur zwischen Bruck und Gratkorn

## Wetter und Temperaturen

Der Nordföhn bringt mehr Sonnenschein als die anderen Föhnarten. Das liegt an der nördlichen Herkunft der Luftmassen, die relativ arm an Wasserdampf sind. Die föhnige Abtrocknung der Luftmassen beim Abstieg führt deshalb südlich des Alpenhauptkammes rasch zur Auflösung der Wolken, die sich an den hohen Bergkämmen im Norden stauen. Übrig bleiben nur die bekannten Föhnfische, die aber die Sonnenstrahlung durch Reflexion eher verstärken als schwächen.
Die Nordföhnluft ist so trocken wie keine andere Luftströmung im Alpenraum. Die Luft ist deswegen von außerordentlicher Klarheit, die Fernsicht ist insbesondere in den Tallagen brillant. Besonders im Frühjahr erreicht das Landschaftsbild eine Farbsättigung, die ihresgleichen sucht. Nie erscheinen das junge Laub grüner, die Wiesen saftiger und die blühenden Obstbäume farbenprächtiger als in den Südalpen bei Föhn! Der Naturgenuss, den wir beim Wandern haben, wird zudem noch durch den reizvollen Kontrast zwischen tiefblauem Himmel und schneebedeckten Bergen gesteigert.
In die Freude über das schöne Wetter mischt sich aber bei den Einheimischen auch Furcht. Die knochentrockene Luft dörrt den Boden und die Vegetation aus. Weht der Föhn über mehrere Tage hinweg, kommt es in

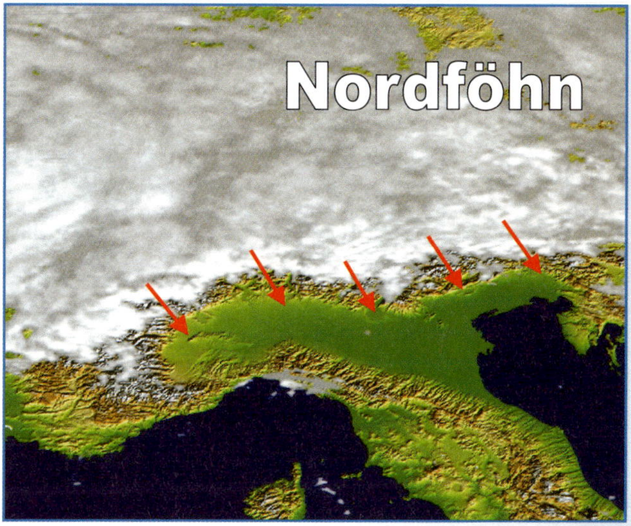


Gleiche mehrere Tiefausläufer sind über Mittel- und Westeuropa in eine Nordwestströmung eingebettet und branden mit ihren kompakten Wolkenfeldern gegen die Alpen an. Nördlich des Alpenhauptkammes regnete es an jenem 19. Februar 1999 anhaltend, in den Hochlagen wurden Rekordschneefälle und zahlreiche Lawinenabgänge verzeichnet. Nur wenige Tage später ereignete sich in dem auf der Stauseite gelegenen Galtür das schreckliche Lawinenunglück.
Zur gleichen Zeit begann auf der Alpensüdseite eine Serie sonniger Nordföhntage. Die Wetterscheide verläuft messerscharf entlang des Alpenhauptkammes.

der Vegetation zu ernsthaften Dürreschäden. Außerdem steigt die Waldbrandgefahr rapide an. Die Löscharbeiten gestalten sich durch den starken Föhnwind schwierig. Alljährlich, besonders im Frühjahr, versetzt der trockene Fallwind die Gemeinden südlich des Alpenhauptkammes in den Alarmzustand. Im Frühjahr 2000 erlebte das Tessin durch die ungewöhnliche Häufung von Nordföhnlagen (im vorangegangenen Winter) eine der schlimmsten Dürreperioden seit 100 Jahren.
Im Hinblick auf die Wärmeempfindung ist der Nordföhn der Südalpen eine Mischung aus dem Föhn, wie man ihn von der Alpennordseite kennt, und einer Bora, dem kühlen Fallwind Dalmatiens. Über das Mischungsverhältnis entscheidet die Sonne. In den Morgen- und Abendstunden lässt uns der Nordföhn frösteln. Am Tage hingegen sorgt die kräftige Sonne für einen Ausgleich. Nun erscheint uns der Nordwind im Sonnenschein wirklich als Föhn, auch wenn der Temperaturanstieg nur moderat ist.
In dieser Kombination ergibt sich tagsüber ein Reizklima in einer Ausprägung, wie man es sonst selten im Alpenraum antrifft. Viele heilklimatische Kurorte wie Meran oder Bergamo werben schon seit Jahrhunderten mit dieser Klimagunst.
Der Föhn trägt überhaupt viel zur thermischen Begünstigung des Alpensüdseite bei. Selten findet man die Weinreben in den Alpen so hoch oben wie in Südtirol.

## Dauer und Ende einer Föhnperiode

Nordföhn dauert länger an als der bekanntere Südföhn. Als normal gelten 2 bis 3 Tage, manchmal weht der Föhn aber auch eine Woche und mehr ohne Unterbrechung. Im Herbst und Winter kann es geschehen, dass sich in windgeschützten Tälern ein hartnäckiger Kaltluftsee bildet. Wir spüren das beim Abstieg dann sofort: Das frische Himmelsblau verwandelt sich in ein blassgraues Blau, die Luft wird kühl und feucht und die Konturen der Berge verschwimmen im Dunst. Spätestens gegen Mittag ist die Sonne aber stark genug, um mit Hilfe der turbulenten Thermik den Föhn der höheren

Luftschichten wieder herunterzuholen. Der vermeintlich verschwundene Föhn hat also nur ein »Nickerchen« gemacht.

Das Ende einer Nordföhnperiode wird zuweilen durch dieselbe Großwetterlage eingeleitet, die dem Föhn der Nordalpen den Startschuss gibt: die großräumige Luftströmung über Mitteleuropa dreht auf südliche Richtungen. Tiefe Wolken hüllen zunehmend die Berge ein und es gibt immer wieder zum Teil ergiebigen Regen oder Schnee.

Oder, was auch nicht selten vorkommt: ein Mittelmeerhoch dehnt sich bis zu den Südalpen aus. Dann geht das klare Schönwetter des Föhns in ein dunstiges Schönwetter über, wie es für die Poebene typisch ist. Ein Abschied vom klaren Föhn – aber nicht von der Sonne.

## Die Hochsaison

Im Unterschied zum Föhn der Nordalpen hat der Südalpenföhn nur eine Hochsaison: die Spätwinter- und Frühjahrsmonate. Schon Ende April geht die statistische Föhnwahrscheinlichkeit stark zurück. Wenig Föhn gibt es im Sommerhalbjahr. Denn dann sind starke Nordwinde, die Voraussetzung für diesen Föhntyp sind, recht selten. Es ist die Jahreszeit der schwachen Winde unter dem Einfluss des Azorenhochs.

## Die Wetterkarte

Da uns der Nordföhn das schönste Tourenwetter beschert, das man sich vorstellen kann, und er auch lange andauern kann, lohnt sich der Blick in die Wetterkarten. Besonders hilfreich sind die mehrtägigen Vorhersagewetterkarten, die man im Internet findet.

Voraussetzung für Nordföhn ist eine Luftströmung, die die Alpen von Norden her überwinden muss. Das können Nordwest-, Nord- oder Nordostwinde sein. Da die Luft Tiefs linksherum und Hochs rechtsherum umkreist (von oben betrachtet), gibt es im Alpenraum nur dann nördliche Winde, wenn sich westlich der Alpen ein Hoch befindet und östlich der Alpen ein Tief. Daraus resultiert ein Luftdruckgefälle über den Alpen, das den Nordföhn bringt.

Die Erfahrung hat gezeigt, dass besonders langanhaltende und stabile Nordföhnlagen bei großräumigen Nordwestwinden entstehen. Das ist oft dann der Fall, wenn ein großes Atlantikhoch in recht nördlicher Position Anker geworfen hat (Nordbiskaya, England, Irland). Solche Hochs sind gerade im Frühjahr sehr stabil und lenken an ihrer Nordflanke relativ kühle Luftmassen über die Nordsee gegen die Alpen, wo sie sich stauen. Südlich des Alpenhauptkammes herrscht dann herrlichster Nordföhn.

Bei einer Luftströmung aus Nordwest ist die Nord- und Westseite der Alpen durch Stau benachteiligt. Im Osten und besonders am Alpensüdrand hingegen herrscht zur gleichen Zeit herrlichstes Wetter (Nordföhn).

## Tipps für die kurzfristige Reiseplanung

»Lohnt sich der Ausflug in die Dolomiten, oder ist es bald vorbei mit dem schönen klaren Wetter?« Für solche und ähnliche Fragen die folgenden Nordföhn-Regeln:

» **Der Föhn bricht in den nächsten Stunden zusammen:**
- **Der Luftdruck beginnt kontinuierlich zu steigen.**
- **Die Sicht verschlechtert sich in allen Höhenlagen.**
- **Niedrige Wolken ziehen heran und verdichten sich.**
- **Die Föhnfische am Himmel verschwinden, zugleich gibt es mehr und mehr Quellwolken.**

» **Der Föhn bleibt uns nur noch heute erhalten:**
- **Die Wetterkarten zeigen ein umfangreiches Hochdruckgebiet, das in den letzten Tagen näher gekommen ist und nun mit seinem Zentrum über der Schweiz oder Deutschland liegt.**
- **Die Wetterkarten zeigen ein neues großes Hoch über dem Mittelmeerraum, während sich vom Atlantik her ein Tiefdruckgebiet nähert. Über Frankreich hat die Luftströmung auf südliche Richtungen gedreht.**

» **Der Föhn bleibt uns auch morgen noch treu:**
- **Der Luftdruck ändert sich kaum, und auch die aktuelle Wetterkarte zeigt gegenüber gestern keine Änderung in den Positionen der Hochs und Tiefs.**
- **Die Vorhersagewetterkarte für morgen zeigt, dass sich von der Nordsee her eine Kaltfront den Alpen nähert.**

**» Wo liegen die Grenzen der Föhnregion?**

- **Das schöne Wetter konzentriert sich auf das Südalpengebiet, die Poebene, Venetien und die Beckenlagen im Süden Österreichs. Im Spätherbst und Winter können allerdings zentrale Bereiche der Poebene sowie das Klagenfurter und Grazer Becken unter einer Nebeldecke liegen, die sich auch tagsüber nicht auflöst.**
- **Nach Norden zu wird der Föhn durch eine scharfe Wetterscheide begrenzt. Sie verläuft entlang des Alpenhauptkammes von West nach Ost: Montblanc-Massiv – Walliser Alpen – Adula – Berninagruppe – Ötztaler Alpen – Zillertaler Alpen – Hohe Tauern – Niedere Tauern – Hochschwab. Achtung, nördlich dieser Wetterscheide gibt es während einer Nordföhnlage anhaltende Regen- oder Schneefälle. Bei winterlichen Nordwestwetterlagen und starken Höhenwinden herrscht in den Nordalpen zudem eine erhöhte Lawinengefahr! Die gleiche Großwetterlage führte im Februar 1999 zu der Lawinenkatastrophe von Galtür – und zu herrlichem Föhn in den Südalpen.**

# Westföhn im Piemont

»Favonius« nannten die alten Römer im Alpenraum einen ungewöhnlich milden Wind, der von den Bergen herabkommt. Daraus entwickelte sich der Name »Föhn«. Die ursprüngliche Wortbedeutung hieß jedoch »milder Westwind«. Wie kommen die alten Lateiner bloß darauf, von *West*wind zu sprechen, mag man sich fragen. Haben sie es vielleicht mit der Himmelsrichtung nicht ganz genau genommen?
Vielleicht stimmt ihre Beobachtung aber doch. Vielleicht stammt der Name für unseren Föhn aus dem oberitalienischen Piemont. Denn hier, am Fuße der Westalpen, profitiert man nicht nur von Ausläufern des Nordföhns, sondern hat auch noch einen eigenen Föhn. Und der kommt mit den Westwinden. Föhnproduzenten sind die bis zu 4000 m hohen Grajischen Alpen und die Meeralpen. So finden wir in der oberitalienischen Provinz Piemont eine weitere Klimaoase am Alpensüdrand. Dank der Klimagunst kann der Weinbau, vor allem im Monferrat-Hügelland östlich Turin, auf eine erfolgreiche Geschichte zurückblicken.

## Der Wind

Der Westföhn Piemonts gilt als moderate Ausgabe des Nordföhns. Er weht nur in mäßiger Stärke, auch seine Böen sind weniger heftig. Denn es geschieht selten, dass eine starke Westströmung, wie es im nördlichen Mitteleuropa häufiger vorkommt, in diese Breiten vordringt. Auch sorgt das Relief dieser hügelreichen Region mit seiner Rauhigkeit dafür, dass die Böen rasch an Stoßkraft einbüßen, sobald sie die Täler verlassen.

## Die klassischen Föhntäler

Vom Westföhn besonders betroffene Talabschnitte sind von Süd nach Nord:

- Stura di Demonte oberhalb Cuneo
- Maira oberhalb Dronero
- Varaita (im Gebirgsbereich)
- Po oberhalb Saluzzo
- Dora Riparia zwischen Susa und Turin
- Orco (Valle di Locana) oberhalb Cuorgne.

## Wetter und Temperaturen

Der Westföhn ist für eine Föhnströmung verhältnismäßig wolkenreich. Zwar überwiegt der Sonnenschein, wie es sich für einen Föhn gehört, doch ziehen auch immer wieder hohe Wolken vorüber. Dabei handelt es sich meist um hohe, dichte Schleierwolken, die einen Großteil des Sonnenlichtes hindurchlassen. Natürlich fehlen unsere Altocumulus lenticularis-Wolken nicht, die bekannten »Föhnfische«.

Ähnlich den anderen Föhnvarianten im Alpenraum ist die Luft sehr trocken. Der Föhneinbruch lässt die Feuchtewerte rasch auf 40 bis 15% zurückgehen – auch wenn kurz zuvor noch 100% herrschten (Nebel)! Wer einmal einen solchen Wetterwechsel erlebt hat, ist beeindruckt: Mit einem Male lichtet sich der Nebel der Niederungen, und die schneebedeckten Höhen des Monte-Rosa-Massivs, des Gran Paradiso und des Monte Viso breiten sich vor einem in all ihrer Pracht aus. Eine schöne Einladung – überbracht vom Westföhn.

Die thermischen Bedingungen ähneln dem Nordföhn des Tessin und der Lombardei. Allerdings fehlt der kühle, boraartige Charakter, da die Luftströmung in ihrem Ursprungsgebiet milder temperiert ist. Oft erlebt man den Beginn einer Westföhnlage als einen echten Warmlufteinbruch, besonders im Herbst und im Winter, wenn zuvor die Nebel der nahen Poebene für feuchtkühles Wetter sorgten.

## Dauer und Ende einer Föhnperiode

Eine Westföhnphase ist in ihrer Dauer sehr wechselhaft. Mal hält der Föhn tagelang an, ein anderes Mal ist er nur eine Eintagsfliege. Insofern hat er viel mit den unsteten Westwinden, wie wir sie kennen, gemein. Im Mittel können wir 36 bis 48 Stunden lang auf ihn zählen.

Wie immer beim Föhn nehmen Dauer, Zuverlässigkeit und Stärke mit zunehmender Distanz vom Gebirge ab. Östlich des Monferrato-Hügellandes, also in der eigentlichen Poebene, ist er schon ein recht seltener Gast. Vor allem an Tagen zwischen November und Februar, wenn die Poebene mal wieder ihrem Ruf als nebelreichste Region Europas gerecht wird.

Die wetterkundigen Tourengeher kennen die **Großwetterlagen-Entwicklungen, die dem Westföhn ein Ende bereiten können:**

- Die großräumige Luftströmung über Mitteleuropa dreht auf nördliche Richtungen. Dann merkt wahrscheinlich nur der Einheimische, dass der Föhn zusammenbricht. Denn das Piemont wird nun vom Alpensüdrand her, wo jetzt Nordföhn einsetzt, so sehr beeinflusst, dass sich am schönen Ausflugswetter kaum etwas ändert. Nur die Luftfeuchtigkeit steigt ein wenig an und die Sicht ist nicht mehr so gut wie bisher. Auch mit der wohligen Wärme ist es vorbei, die Temperaturen sinken. Insgesamt ein kleiner Wermutstropfen, der uns aber von weiteren Bergtouren nicht abhalten kann.
- Besonders im Sommer gelingt es dem Azorenhoch, in Mittel- und Südeuropa Fuß zu fassen. Eine Westföhnlage im Piemont kann dadurch beendet werden. Das schöne Wetter und die Wärme bleiben erhalten, die Luft reichert sich jedoch mit feuchtem Dunst an. In tiefen Lagen wird im Hochsommer aus der Wärme Schwüle, und hier lässt auch die Fernsicht mehr und mehr zu wünschen übrig.
- Die großräumige Luftströmung über Mitteleuropa dreht auf südliche oder östliche Richtungen. Jetzt sind die Stunden ungetrübten Sonnenscheins gezählt. Feuchte Mittelmeerluft strömt zu den Alpen und wird hier zum Aufsteigen gezwungen. Der Himmel bezieht sich in allen Höhenlagen und es gibt bald anhaltende und zum Teil ergiebige Niederschläge. Die Föhnlage verwandelt sich in eine Staulage.

## Die Hochsaison

Westwinde treten in Mitteleuropa in den Wintermonaten und im Sommer häufiger auf als in den Übergangsjahreszeiten. Im Sommer aber sind sie südlich der Alpen selten stark genug, um Föhn zu erzeugen. Aus diesem Grund bilden die Wintermonate die Hochsaison des Föhns im Piemont und der angrenzenden Gebirgsregion.

## Die Wetterkarte

Wenn im Alpenraum eine wolkenreiche Witterungsperiode einsetzt, weil die Luftströmung auf westliche Richtungen gedreht hat, beginnt in den

Bergen Piemonts oft eine Schönwetterlage. Die Wetterkarte zeigt dann in der Regel Tiefs, die über Frankreich und Deutschland nach Osten ziehen, während sich über dem südlichen Mittelmeergebiet eine Hochdruckzone breit macht. Im Zwickel zwischen beiden Luftdruckzonen liegen die Südalpen, wo sich eine Westwindlage entwickelt hat. Vom Windschutz der Westalpen profitiert vor allem das Piemont mit seinen Bergen.
Mit lang anhaltenden Westföhn-Situationen können wir dann rechnen, wenn sich vom Atlantik bis nach Osteuropa eine Tiefdruckzone gebildet hat. Ein Tief nach dem anderen zieht nördlich der Alpen vorbei. Dass sich die Schlechtwettergebiete im Norden die Klinke praktisch in die Hand geben, gilt als Garant der Westwinde und damit auch des schönen Wetters in Oberitalien.

## Tipps für die kurzfristige Reiseplanung

Damit der geplante Gipfelsturm zum Gran Paradiso auch tatsächlich bei paradiesischen Wetterbedingungen stattfindet, müssen wir vor allem die Zeichen einer Wetterverschlechterung rechtzeitig deuten können. Im Folgenden einige Hinweise zur meteorologischen Tourenplanung:

» **Der Föhn bricht in den nächsten Stunden zusammen (danach Schlechtwetter):**
- **Der Luftdruck ändert sich merklich (anhaltend starker Fall).**
- **Die Sicht verschlechtert sich in allen Höhenlagen.**
- **Niedrige Wolken ziehen bis an die Berghänge heran und verdichten sich.**
- **Die Föhnfische am Himmel verschwinden, zugleich gibt es mehr und mehr Quellwolken.**

» **Der Föhn bleibt uns nur noch heute erhalten:**
- **Die Wetterkarten zeigen ein Tiefdruckgebiet über Südfrankreich, das in den Mittelmeerraum zieht.**
- **Die Wetterkarten zeigen ein neues großes Hoch über dem westlichen Mittelmeerraum, das sich zu den Alpen hin ausdehnt.**

» **Der Föhn bleibt uns noch einige Tage treu:**
- **Der Luftdruck ändert sich kaum, und auch die aktuelle Wetterkarte zeigt gegenüber gestern keine Änderung in den Positionen der Luftdruckschwerpunkte (hoher Luftdruck im südlichen Mittelmeerraum, Tiefdruckzone über West- und Mitteleuropa).**
- **Die Vorhersagewetterkarten für die nächsten Tage zeigen, dass das Hoch im Süden stabil bleibt und dass die Tiefdruckzone im Norden immer wieder durch Tiefs vom Atlantik her erneuert wird.**

**» Wo liegen die Grenzen der Föhnregion?**

- **Das schöne Wetter konzentriert sich auf das oberitalienische Piemont, erfasst aber auch oft Teile des Tessins sowie die westliche Poebene. Im Spätherbst und Winter kann allerdings die Poebene unter einer hartnäckige Nebeldecke liegen, auch bei Westföhn. In einem solchen Fall treffen wir auf schönes Wetter erst am Fuße der Berge.**
- **Nach Westen zu wird der Föhn durch eine mehr oder weniger scharfe Wetterscheide begrenzt. Sie verläuft entlang des Hauptkammes der Westalpen und wird von Süd nach Nord durch folgende Berge markiert: Argentera – Mont Pelat – Massif du Pelvoux – Massif de la Vanoise – Mont Blanc – Walliser Alpen.**

## Die Bise im Schweizer Mittelland

Im Westen der Schweiz sind Föhnereignisse selten. Dafür kennt man hier einen anderen Wind, der mindestens ebenso bekannt ist wie der Föhn im Osten. Mit der Wetterlage des Föhn hat dieser Wind allerdings nicht im Entferntesten zu tun. Es ist ein kühler Nordost, den Schweizern als Bise bekannt. Die Bise entsteht, wenn Kaltluft Mittel- und Westeuropa überflutet hat und sich dann über dem nördlichen Mitteleuropa hoher Luftdruck aufbaut.

Die wichtigsten Winde der Alpen und ihre Einflussbereiche im Überblick.

## Der Wind

In einem solchen Fall dreht der Wind in der Schweiz auf Nordost bis Ost. Das ist genau die Richtung, bei der sich die Luftströmung im gleich orientierten Mittelland fängt. Auf dieser Schiene wird sie durch den Führungseffekt der Topografie (die Höhen des Jura als rechte »Leitplanke«, die Alpenkette als linke »Leitplanke«) gebündelt und in Richtung Genfer See geleitet. Dort verengt sich das Schweizer Mittelland, sodass die Nordostwinde im Seebereich nochmals beschleunigt werden.
Typische Stärken der Bise sind 20 bis 25 km/h zwischen Zürich und Bern und 25 bis 35 km/h im südlichen Mittelland. Im Raum des Genfer Sees sind Geschwindigkeiten von 40 bis 50 km/h bei Bisenlage nicht selten. Am Südende des Sees, wo sich Jura und Alpen so nahe kommen wie sonst nirgends, erreicht der Wind seine größte Stärke. Am Genfer Seeufer zeugen viele krummgewachsene Bäume von der Macht der Bise. Eine ausgewachsene Bise erreicht hier in Böen Sturmstärke.

## Wetter und Temperaturen

Zum Glück überwiegt die Sonne bei einer Bisenlage. Nur im Süden, ausgerechnet in der windigsten Bisenecke, stauen sich zuweilen dichte Wolken. Insgesamt ist es recht dunstig – also auch hier keinerlei Ähnlichkeit zum Föhn. Eine spezielle Bisenwetterlage ist die *bise noir,* die »schwarze Bise«. Namensgeber dieser Bisen-Variante ist der trübe und dunkle Himmel, aus dem es immer wieder regnet. Zu dieser Situation kommt es, wenn sich ein Italientief auf die Schweiz ausweitet. Dabei saugt es über das französische Rhônetal und das Schweizer Mittelland Luft an sich. Eine ziemlich scheußliche Wetterlage, die aber selten länger als zwei Tage andauert.
Die Bise wird stets als kühl erlebt, auch im Hochsommer. Der Grund ist die polare Herkunft der Luftmassen. Im Süden sorgt der Starkwindcharakter der Bise dafür, dass die Luftströmung hier als besonders kalt empfunden wird.

## Dauer und Ende einer Bisenlage

Dieser Wind ist weitaus beständiger als der Föhn. Er weht durchschnittlich 3 bis 4 Tage, kann aber auch länger als eine Woche wehen, vor allem im Genfer Raum.
Das Ende der Bise ist gekommen, wenn das Luftdruckgefälle zwischen dem Hoch im Norden und den Mittelmeertief abgebaut wird. Das passiert am häufigsten bei folgender Großwetterlagenentwicklung:

- Das Hoch über dem nördlichen Mitteleuropa verstärkt sich und zieht zum Alpenraum. Damit beruhigen sich die Winde auch im Westalpengebiet. Die Temperaturen steigen allmählich an und anstelle des strammen Nordost wehen lokale thermische Winde.

## Die Hochsaison

Für den schlechten Ruf als unangenehmer Wind ist vor allem der Jahresrhythmus der Bise verantwortlich. Im Spätwinter müssen wir am häufigsten mit diesem kalten Nordost rechnen. Auch im Frühjahr sorgt die Bise immer wieder für Kälterückfälle. Im Hochsommer bleiben wir dagegen meist verschont. In dieser Zeit sind die thermischen Winde zu dominant, um andere Winde neben sich zu dulden, außerdem fehlt in dieser Jahreszeit das benötigte Mittelmeertief (s. unten).

## Die Wetterkarte

Voraussetzung einer Bisenlage ist ein Vorstoß polarer Kaltluft nach Mittel- und Westeuropa. Die Kaltluft erreicht oft auch das westliche Mittelmeer, wo sich als Reaktion ein Tief bildet. Wenn der Zustrom der Kaltluft abebbt, steigt der Luftdruck über Mitteleuropa an. Dadurch entsteht über den Westalpen ein durchgehendes Luftdruckgefälle zwischen dem Hoch im Norden und dem Tief im Süden. Den notwendigen Druckausgleich übernimmt die Nordostströmung im Mittelland, die Bise.
Mit lang anhaltenden Bisen-Situationen müssen wir rechnen, wenn sich der Schwerpunkt des Hochs eher über Skandinavien als über Mitteleuropa befindet. Solche Wetterlagen sind in der Regel sehr beständig.

## Tipps für die kurzfristige Reiseplanung

Wegen einer Bise, die im Anzug ist, werden wir nicht gleich unser Ausflugsprogramm über den Haufen werfen. Dennoch lohnt es sich, die Wetterentwicklung bei der Planung der Ausflugsziele miteinzubeziehen. Dazu einige Tipps:

**» Was tun, wenn die Bise trüben Hochnebel mitbringt?**

- **In die Höhe ausweichen, zum Beispiel ins Berner Oberland oder in die Savoyer Alpen. Der Hochnebel hat häufig eine scharfe Obergrenze bei 700 bis 1000 m. Über dem Nebelmeer der Bise herrscht in der Regel schönstes Tourenwetter.**
- **Die Alpenregionen südlich des Genfer Sees ansteuern. Oft ist das Wetter zwischen Genf und Grenoble deutlich besser bei Bise, auch der Wind lässt in dieser Richtung rasch nach.**

**» Was tun, wenn die Bise zu heftig weht?**

- **Den Süden des Mittellandes meiden. Damit ist das Dreieck Biel – Bern – Genf gemeint. Nördlich und südlich ist es halb so wild mit der Bise.**
- **Auch im Gebirge bleiben wir verschont. Das liegt nicht nur am schützenden Relief, denn interessanterweise ist die Bise in den bodennahen Luftschichten viel stärker entwickelt als weiter oben. Oberhalb 1000 bis 1500 m ist kaum noch etwas zu spüren von diesem unangenehm kalten Wind.**

**» Wo liegen die Grenzen der Bisenregion?**

- **Im Norden und Westen: Lindau – Schaffhausen – Olten – Höhen des Schweizer Jura.**
- **Im Osten und Süden: Lindau – Zug – Luzern – Thun – Lausanne – Genf.**

## Winterliche Inversionswetterlagen

Es gibt ein berühmtes Motiv, mit dessen Hilfe eine winterliche Eigenart des alpinen Klimas weit über die Grenzen der Alpenregion hinaus sichtbar wurde. Gemeint ist Schloss Neuschwanstein und seine besondere Lage.

Fast jeder europainteressierte Amerikaner oder Japaner kennt das Märchenschloss des Königs Ludwig II. von Bildern, die es in malerischer Lage auf einem Gipfel über den Nebeln der Täler zeigt. Man mag über die Politik des bayerischen Königs sagen, was man will. Seine Naturverbundenheit hat ihm bei der Wahl des Schlossstandortes auf jeden Fall die richtige Eingebung geschenkt: Das Schloss wurde einige 100 Höhenmeter über der winterlichen Nebelgrenze errichtet. Wahrlich ein »Platz in der ersten Reihe«, denn es gibt kaum ein schöneres Naturerlebnis in den Alpen als in der klaren Höhenluft über den Wogen des Wolkenmeeres zu stehen und die Berge wie zum Greifen nah vor sich zu sehen. Die entsprechende meteorologische Situation ist charakteristisch für die Herbst- und Wintermonate im Alpenraum: die Inversionswetterlage.

Während winterlicher Inversionswetterlagen bilden sich manchmal gleich in mehreren Höhen Inversionen aus, deren Dunstschichten im Gegenlicht gut auszumachen sind, wie es diese Aufnahme aus den Berner Alpen schön belegt.

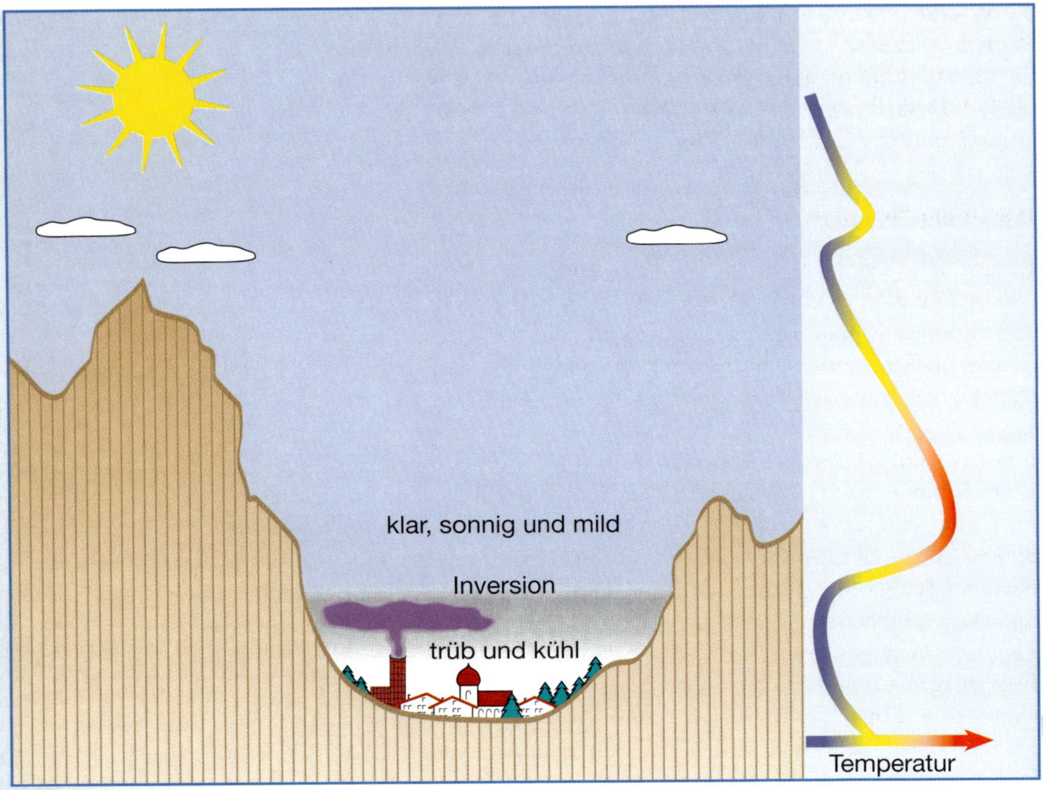


Im Winterhoch bilden sich in der Atmosphäre durch absinkende Luftbewegung trocken-milde Luftschichten aus. Die Absinkbewegung endet am »Widerlager« der kalten, schweren Luftmassen der Tal- und Beckenlagen. Zwischen beiden Luftmassen ist eine Temperaturumkehrschicht ausgebildet, die Inversion. Unter ihr reichern sich Feuchte- wie auch mögliche Schadstoffpartikel an. Darüber herrscht in der klaren, trockenen und milden Luft herrlichstes Tourenwetter.

## Die Entstehung

In den Herbst- und Wintermonaten dauern die Nächte länger als der Tag und die Sonnenstrahlen fallen tief ein. Falls uns nicht gerade mal wieder ein atlantisches Tief mit Regenwolken, Wind und Meeresluft versorgt, besteht in dieser Zeit die Tendenz zur Bildung von Kaltluftseen. Das passiert nicht von heute auf morgen, sondern allmählich im Laufe der Tage. Die geeignete Wetterlage für einen Aufbau solcher Kaltluftzonen ist die Hochdrucklage. Dann ist der Himmel klar und es geht wenig Wind – zwei entscheidende Voraussetzungen für die Bildung bodennaher Kaltluft.
Unterstützt wird dieser Prozess durch die allgemeine Absinkbewegung der Höhenluft in einem Hoch. Das adiabatische Absinken erzeugt (wie beim Föhn) eine relativ warme Höhenluft. Im Unterschied zum warmen Fallwind geht das Absinken aber langsam und gemächlich vor sich. So stößt die trocken-milde Höhenluft unten auf ein Widerlager, das es nicht wegzuräumen vermag: die Kaltluft der Tal- und Beckenlagen. Die Höhenluft

erreicht die Niederungen nicht, sondern weicht seitlich aus. Im schmalen Grenzbereich zwischen beiden Luftmassen passiert etwas Seltenes: die Temperatur nimmt mit der Höhe zu. Das ist invers (umgekehrt) zum Normalfall. Deshalb spricht der Meteorologe von einer Umkehrschicht oder *Inversion.*

## Wetter und Temperaturen

Ist die untere Kaltluft feucht wie so oft im Herbst und Winter, dann bilden sich in ihr immer wieder Dunst, Nebel und Hochnebel. Auf diese Art entsteht an vielen winterlichen Hochdrucktagen eine horizontale Wetterscheide im Gebirge, wie sie schärfer nicht sein könnte: unten kalt, trüb und neblig, oben herrlichstes Tourenwetter mit viel Sonne in klarer und milder Luft.

Eine Inversionslage ist so zäh und hartnäckig wie die Kaltluft in einem Tal. Einmal etabliert, dauert sie tagelang, manchmal mehr als eine Woche lang an. Unter der Sperrschicht sammelt sich mit der Zeit die Luftfeuchtigkeit, und es gibt immer häufiger anhaltende Nebellagen. Leider sammelt sich nicht nur der Wasserdampf an, auch die Emissionen von Industrie, Verkehr und Hausbrand können nicht nach oben entweichen. Das Resultat sind ansteigende Schadstoffgehalte in der Kaltluft. Dicht besiedelte Tal- und Beckenlagen verwandeln sich nun in *Smog*-gefährdete Zonen (Smog = »Smoke« + »Fog«).

Im zentralen Alpenraum liegen viele Täler so hoch, dass sie nahe an der Inversion oder sogar darüber liegen. Hier gelingt es der trockenklaren

Eine stabile Inversion hält das Meer aus Stratus-Wolken fest und vermag auf diese Art manchmal über Tage oder sogar Wochen hinweg den Witterungsgegensatz zwischen den trüben Tal- und Beckenlagen und dem Traumwetter der Hochlagen aufrechtzuerhalten.

Höhenluft, ganz hinabzusteigen und für schönes Winterwetter zu sorgen. Allerdings wird es in den Nächten bitterkalt. In den Tälern am Alpenrand hingegen kennt man die Inversionslage als Nebellage.

Die Temperaturen sind je nach Monat und den Bewölkungsverhältnissen recht unterschiedlich.

**» Für die klassische mehrtägige Inversionlage gilt als Faustregel: Verglichen mit den Niederungen im Alpenvorland liegen die Temperaturen in den Höhenlagen von 1000 bis 1500 m allgemein um 5 bis 10 °C höher.**

Dicht über die dunst- und raucherfüllte bodennahe Luftschicht des Alpenvorlands hinweg geht der Blick in Richtung Alpen, die bei dieser Inversionslage in die klare und trockene Höhenluft hineinragen. Im Vorland kann durch die Anreicherung von Luftschadstoffen eine anhaltende Inversionslage in eine gesundheitsgefährdende Smog-Wetterlage münden.

Im Extremfall kann der Temperaturanstieg 15 bis 20 °C betragen, und auf der Zugspitze ist es dann nicht selten wärmer als in Passau. Der Erwärmungseffekt betrifft in erster Linie die Gipfel- und Oberhangbereiche. In den Tälern bilden sich hingegen nachts regelmäßig Kaltluftseen aus, auch mitten im Alpenraum. So treffen wir in den Alpen überall Sonnenschein an, doch der milden Höhenluft müssen wir entgegen gehen, denn sie meidet fast alle Tallagen.

Während winterlicher Inversionslagen halten sich in den Tal- und Beckenlagen hartnäckige Dunst- oder Nebelfelder.

Bei den Kälteseen hat auch die Talform Einfluss auf die Abkühlungsstärke (siehe Abb. nächste Seite). Dabei sind die klassischen Täler die schlimmsten Kältelöcher, während tiefe, enge Täler (Klamm, Kerbtal, Schlucht) gar nicht so kalt werden. Der Grund ist die mehrfach absorbierte und reflektierte Wärmestrahlung der steilen, nah beieinander liegenden und oft schneefreien Gegenhänge. Sie wärmen sich sozusagen gegenseitig.

Charakteristisch für winterliche Inversionslagen im Alpenraum ist eine Höhenlage der Sperrschicht von ca. 500 – 700 m Meereshöhe, wie in dieser Aufnahme vom 21. Januar 1999. Dadurch werden die Alpen und die Mittelgebirge zu Sonneninseln, umgeben vom Nebelmeer der Niederungen.

## Dauer und Ende einer Inversionslage

Durchschnittlich 4 bis 5 Tage hält eine Inversionslage im Alpenraum an. Bei sehr stabilen Hochdrucklagen hat man auch schon 7 bis 10 Tage registriert. Nach lang anhaltenden Inversionslagen kann es soweit kommen, dass man sich im nebligtrüben München schon gar nicht mehr erinnern kann, wann zuletzt die Sonne gesichtet wurde – während in Innsbruck und Davos die Vorräte an Sonnenschutzmittel allmählich zur Neige gehen, und man sich hier durchaus nach etwas mehr Abwechslung am Himmel zu sehnen beginnt.

Das Ende der Inversion ist gekommen, wenn Wind aufkommt. Das muss nicht unbedingt ein neues Tiefdruckgebiet sein. Es reicht, wenn sich das windarme Zentrum des Hochs, unter dessen Fittichen sich die Inversion entwickeln konnte, von den Alpen weg verlagert. Dann liegt der Gebirgsraum unter einem Luftdruckgefälle. Und das bedeutet Wind.

Die Luftbewegung vermischt die beiden Luftmassen miteinander, die bisher durch die Inversion säuberlich voneinander getrennt waren. Damit verschwindet auch die Temperaturumkehrschicht. Den Wetterwechsel merken wir sofort und überall:

- In den höheren Berglagen gehen die Temperaturen deutlich zurück und der Wind frischt auf. Wenn dann zugleich auch noch Tiefdruckbewölkung heranzieht, die die Sonne abschirmt, wird das Ende einer Inversionslage im Hochgebirge als Temperatursturz erlebt!
- In den bisher trüben Tal- und Beckenlagen lichten sich Nebel und Hochnebel, und die Temperaturen steigen an. Ist der Grund für das Ende der Inversionslage eine Tiefdruckfront, die sich von Frankreich her annähert, geht die Nebellage im Alpenvorland direkt in eine Föhnlage über. Dann

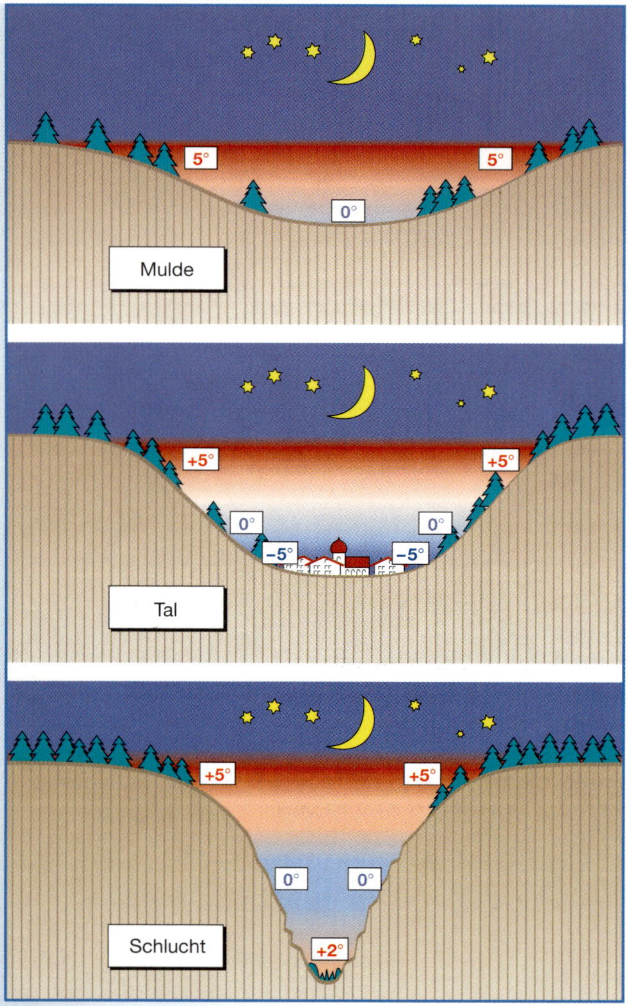


Dass sich in den Tälern die Kälte sammelt, weiß man. Was aber weniger bekannt ist: In sehr engen Tälern steigert sich nicht die Kälte, sondern die Wärmeabstrahlung der nahen Hänge sorgt hier im Gegenteil in klaren Winternächten für relativ milde Temperaturen.

kann es passieren, dass die Temperaturen innerhalb von 24 Stunden um 15 °C ansteigen !

## Die Hochsaison

Inversionslagen wie beschrieben treten nur in der Zeit von Oktober bis Februar auf. Die Statistiker unter den Meteorologen haben aber bestimmte Zeiten innerhalb dieser Periode herausgefunden, zu denen wir am ehesten mit dieser Wetterlage rechnen können:

- Zweite Oktoberdekade (»Goldener Oktober«)
- Anfang November und zweite Novemberdekade
- 19. bis 23. Dezember
- 15. bis 22. Januar.

Diese Daten bieten also eine gewissen Anhaltspunkt für den Fall, dass wir uns frühzeitig für die Urlaubszeit im Gebirge entscheiden müssen. Kurzfristige Bergtouren planen wir aber besser mit Hilfe der aktuellen Wetterinformationen.

## Die Wetterkarte

Eine typische Inversionslage ist in der Wetterkarte sehr einfach zu identifizieren: Ein dickes Hoch liegt mit seinem Zentrum mitten über dem Alpenraum. Das ist zumindest die Idealwetterlage.
Man beobachtet aber auch häufig Inversionen, wenn der Schwerpunkt des Hochs etwas östlich oder südlich des Alpenraums angesiedelt ist. Das Zentrum liegt dann zum Beispiel über Ungarn oder über Oberitalien.
Wichtig ist nur, dass die Luftdrucklinien (Isobaren) des Hochs über den Alpen liegen. Wenn aber die Isobaren in Richtung eines Tiefs gekrümmt sind, wird sich keine Inversionslage einstellen.

## Tipps für die kurzfristige Reiseplanung

Die winterliche Inversionslage zählt zu den schönsten Bergwetterlagen. Viele nehmen die »Gunst der Stunde« aber gar nicht wahr, da zur selben Zeit im Tal und im Vorland kaltes und trübes Wetter herrscht. So kostet es einige Überwindung und viel Fantasie, um sich angesichts des Schmuddelwetters für einen Ausflug in die Berge zu entschließen. Um die richtige Entscheidung treffen zu können, sind die folgenden Wetterregeln hilfreich:

**» Wie erkenne ich ohne Wetterkarte die Inversionslage (alle Bedingungen müssen erfüllt sein)?**

- **Der Luftdruck steht hoch, mindestens auf 1025 Hektopascal.**
- **Im Tal und Alpenvorland geht kaum ein Wind.**
- **Es herrscht starker Dunst oder der Himmel ist trüb durch anhaltenden Nebel oder Hochnebel. Zuweilen schimmert blauer Himmel zwischen den Nebellücken hervor.**

**» Unter welchen Bedingungen liegt die Nebelgrenze relativ hoch (1200 bis 1500 m)?**

- **Die Wetterkarte zeigt das Zentrum des Hochs nördlich der Alpen, zum Beispiel über Norddeutschland, Böhmen oder Nordfrankreich.**
- **Das Hoch ist relativ schwach ausgeprägt (1015 bis 1025 Hektopascal).**
- **Wenn wir uns am Alpenrand befinden: eine leichte gegen die Alpen gerichtete Luftströmung lässt in der Regel die Nebelgrenze ansteigen.**

**Beispiel: das Hochdruckzentrum liegt über der Schweiz. Dann liegt die Nebelgrenze in der Schweiz tief und steigt nach Osten an. So werden wir im Salzkammergut höher steigen müssen, um die Sonne zu sehen als etwa im Oberallgäu.**

**» Um allzu trübe Talerlebnisse zu vermeiden: wo liegen die klassischen Nebellöcher?**

- **Schweizer Mittelland**
- **Bodenseeraum**
- **Bayerisches Alpenvorland**
- **Donaufurche zwischen Innviertel und Wiener Becken**
- **Grazer Becken**
- **Klagenfurter Becken**
- **Poebene.**

# Die wechselhaften Westwetterlagen

Auch wenn die Alpen nicht mitten im Kernbereich der wechselhaften Westwinde liegen, wie zum Beispiel die norddeutschen Mittelgebirge, werden auch im Alpenraum häufig Westwetterlagen beobachtet. Dabei strömen feuchte Luftmassen vom Atlantik ein und bescheren vor allem den Westalpen Niederschläge. Glimpflich kommt dagegen der Alpenostrand davon, wo die Luftmassen dank der Filterwirkung der West- und Zentralalpen bereits verhältnismäßig trocken ankommen.

## Entstehung und Wetterkarte

Westlagen sind die charakteristische Großwetterlage der mittleren Breiten. Motor der hier vorherrschenden Westwinde ist das fast immer bestehende Luftdruckgefälle zwischen der Tiefdruckzone der subpolaren Breiten und den subtropischen Hochs. Verantwortlich für das wechselhafte Westwindklima unserer Alpen ist der Luftdruckgegensatz zwischen dem Islandtief und dem großen Hoch bei den Azoren. Allerdings spricht man von »Islandtief« und »Azorenhoch« nur deshalb, weil die Zentren dieser dominanten Luftdruckgebilde im statistischen Mittel dort liegen.
Wir wissen durch die Zeitungs- oder Fernsehwetterkarte selbst, dass das in Wirklichkeit ganz anders sein kann. Mal ist unser »Azoren«hoch im Mittelmeerraum, dann wieder über Frankreich oder der Biskaya. Und das »Island«tief ist sogar noch mobiler. Mit seinen Tochtertiefs bevölkert es weite Teile von Nordwest- und Nordeuropa, zuweilen schickt es seine Sprößlinge quer über Mitteleuropa. Seine Ausläufer, Warmfront und Kaltfront, überqueren Mitteleuropa und den Alpenraum von West nach Ost. Dazwischen macht auch mal ein Zwischenhoch mit schönem Wetter eine Stippvisite.

## Wetter und Temperaturen

Der Wetterablauf einer Westwetterlage ist sehr unbeständig, besonders im Winterhalbjahr, wenn die Tiefausläufer und Zwischenhochs mit einem höheren Tempo vorüberziehen. Die meisten Winterstürme entwickeln sich bei Westwetterlagen.
Für die Wechselhaftigkeit ist nicht nur der Reigen der Hochs und Tiefs verantwortlich, auch die Richtung der Luftströmung spielt eine Rolle. Nicht immer kommt die Strömung genau aus West. Zuweilen drehen die Winde auch auf Nordwest oder Südwest. Dann entstehen beidseits des Alpen-

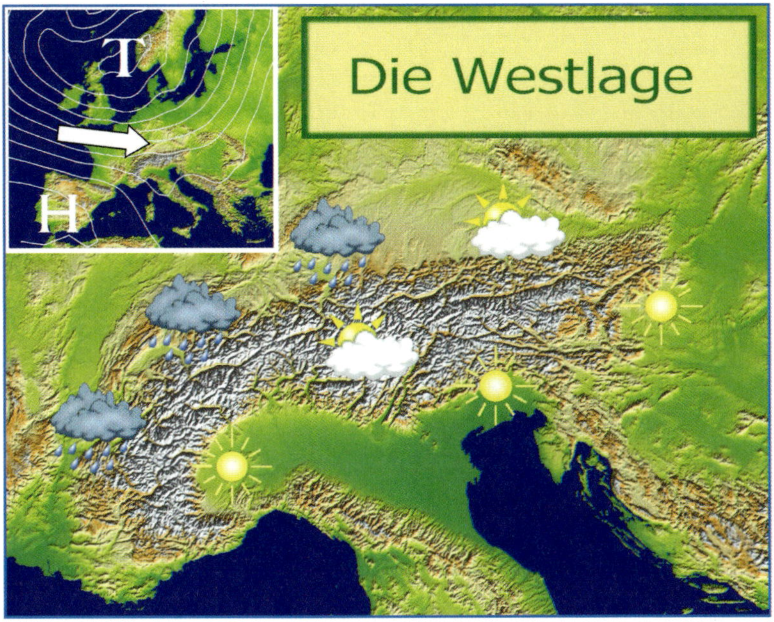


Westwinde führen feuchte Atlantikluft gegen die Alpen. Viele Wolken und immer wieder Regen gibt es im französischen Alpenraum und in der Westschweiz, während die Ostalpen dank der Abschirmung gegenüber den Westwinden deutlich besseres Wetter verzeichnen. Auch der Süden erlebt längere freundliche Wetterphasen.

hauptkammes Wettersituationen, wie wir sie in den letzten Kapiteln schon kennengelernt haben: Stau und Föhn.

Wir wollen uns hier aber nur mit den reinen Westlagen beschäftigen. Auch wenn man (mit Ausnahme des westlichen Oberitalien) in diesem Fall nicht von Stau und Föhn spricht, sorgt das Alpenmassiv als »Felsen in der Strömung« doch für räumlich recht unterschiedliche Wetterbedingungen. Dabei lassen sich folgenden »Wetterprovinzen« unterscheiden:

**Westalpen (ohne Piemont und Tessin)** Diesen Teil der alpinen Wetterküche wollen wir als das Gebiet definieren, das sich von Frankreich über die Nordschweiz bis nach Westtirol, Vorarlberg und das Allgäu erstreckt. Hier erleben wir bei Westlage das klassische, wechselhafte Westwetter mit verhältnismäßig viel Wolken und immer wieder Regen und Schnee. Zwischenhochphasen dauern nur kurz. Der Wind kann zeitweise stürmisch auffrischen, besonders in der Zeit von Oktober bis März.. Die Temperaturen sind im Vergleich zu den Durchschnittswerten im Winter deutlich zu mild, im Sommer ist es dagegen zu kühl. Sommer wie Winter ist das Höhengefälle der Temperatur relativ groß, es wird mit zunehmender Meereshöhe also rasch kälter.

**Zentral- und Nordalpen** In dieser Wetterprovinz, die das östliche Alpenvorland und den Zentralalpenbereich umfasst, kommen viele Tiefausläufer aus dem Westen an, die schon etwas von ihrem Schwung verloren

Die Westwetterlage bringt einen mehrfachen Wechsel von Zwischenhoch und Tiefausläufern. Im Bild zieht gerade die Schauerstaffel einer Kaltfront gegen die Alpen.

haben. Ein Teil ihrer Feuchtigkeit haben sie in den Westalpen gelassen, sie bringen aber immer noch reichlich Wolken mit. Vor allem bei der Passage der Tiefausläufer fallen zum Teil ergiebige Niederschläge. Zwischendurch kann es aber für ein oder zwei Tage auch mal schön sein (Zwischenhoch). Im Sommer bringen Westlagen mit Ausnahme der Zwischenhochsituationen unternormale Temperaturen, im Winter ist es dagegen zu mild.

Das Alpenvorland bekommt manchmal ein Wetter, das ihm von der Großwetterlage her eigentlich gar nicht »zustehen« dürfte: Sonne und viel Wind. Dieses Phänomen tritt dann auf, wenn die Westwinde genau aus dem Winkel Westnordwest gegen die Alpennordseite wehen. Der Leitplankeneffekt des Alpenkörpers bewirkt dann eine Art Winddüse über dem Alpenvorland, die aus strömungsdynamischen Gründen eine leichte Absinkbewegung der Luft verursacht. Das Resultat: viele Regenwolken lösen sich auf. Der Wermutstropfen ist allerdings der starke, sehr böige Wind, der nur das Windsurfer-Herz höher schlagen lässt, den Seglern aber schon fast zuviel des Guten ist.

**Alpenostrand und Alpensüdseite** Westlagen treten hier abgeschwächt in Erscheinung. Die Winde sind nur in den Hochgebirgslagen zuweilen stark bis stürmisch. Immer wieder zeigt sich die Sonne zwischen den Wolken. Besonders am Südrand der Alpen haben Westwetterlagen bei relativ hohem Luftdruck eher den Charakter einer leicht wechselhaften Schönwetterlage. Im Sommer empfehlen sich Westwetterlagentage durchaus für Bergtouren, denn es herrscht häufig freundliches Wetter und die Temperaturen sind für Touren sehr angenehm. Nur sollte man auf die Kaltfronten in der Wetterkarte achten. Sie bringen bei ihrer Passage in dem relativ stark erwärmten Osten und Süden der Alpenregion zum Teil heftige Platzregen und Sturmböen.

Im Winter sind manche Tal- und Beckenlagen Österreichs durch beständige Inversionen quasi abgeschottet von den Westwinden. Hier kann es tagelang neblig-trüb und kalt sein, während oberhalb von 800 bis 1200 m das normale Westwetter mit milden Temperaturen ausgebildet ist. Eine kritische Situation entsteht, wenn Warmfronten mit Regen heranziehen, der in den Kälteseen der Niederungen sofort zu Glatteis gefriert. Nach dem Durchzug der Front ist die Inversion verschwunden und die Täler erleben einen regelrechten Wärmeeinbruch.

## Dauer und Ende einer Westlage

Durchschnittlich 4 bis 5 Tage wehen die Westwinde ohne Unterbrechung, bevor sie von einer anderen Wetterlage abgelöst werden. Die Häufigkeitsstatistik zeigt aber, dass Westlagen auch mehr als eine Woche anhalten können. Das erleben wir vor allem im Winter immer wieder.

Das Ende der Westlage ist gekommen, wenn Veränderungen bei den großen, das atmosphärische Westwindband aufbauenden Druckgebilden eintreten. Zum Beispiel das Azorenhoch verlagert sich nach Europa, oder das Tief im hohen atlantischen Norden zieht es in die Subtropen. Der Stellungswechsel in der atlantischen Wetterküche baut auch über dem Alpenraum ein neues Strömungsmuster auf. Dabei wird das Ende der Westlage am häufigsten durch folgende Veränderungen eingeläutet:

- Nach einer Serie von Tiefausläufern und Zwischenhochs dehnt sich das Azorenhoch bis zum Alpenraum aus und baut hier einen Brückenkopf, eine stabilen »Hochdruckkeil«, wie die Meteorologen sagen, auf. Manchmal bricht es seine Zelte bei den Azoren ganz ab und errichtet im Alpenraum einen neuen Schwerpunkt.
- Die polaren Tiefs verlagern ihren Schwerpunkt nach Skandinavien, während sich das Azorenhoch in Richtung Island ausdehnt. Dadurch dreht die Luftströmung auf Nordwest und es wehen nun recht kalte Luftmassen vom Nordmeer gegen die Alpen. Es entsteht also eine Wetterlage, die zum Stau im Norden und Föhn im Süden führt (s. Kapitel zum Nordföhn).
- Die polaren Tiefs verlagern ihren Schwerpunkt zum Ostatlantik, und auch bei den Azoren fällt der Luftdruck. Dadurch dreht die großräumige Luftströmung über den Alpen auf Süd bis Südwest. Im Norden beginnt nun eine Föhnperiode, während es im Süden mit dem relativ schönen Wetter vorbei ist (s. Kapitel zum Südföhn).

Das Ende einer ruhigen Zwischenhochlage: Über dem Wolkenmeer tauchen die ersten hohen Schleierwolken der nächsten Front auf.

## Die Hochsaison

Mit Westwetter müssen wir besonders im Frühwinter sowie in den Sommermonaten Juli und August rechnen. Dann ist statistisch rund jede dritte Großwetterlage eine Westlage. Diese Schwerpunkte in der jahreszeitlichen Verteilung sind auch der Grund dafür, dass unser Klima als gemäßigt gilt. Denn die Westwinde führen atlantische Luftmassen zu uns, die im Winter relativ mild und im Sommer relativ kühl sind. Unsere Sommer könnten viel sonniger und heißer sein, würden nicht die Westlagen immer wieder wolkenreiche Atlantikluft nach Mitteleuropa führen.

## Tipps für die kurzfristige Reiseplanung

Generell gilt: Bei einer Westlage müssen wir im Verlauf einer mehrtägigen Bergtour stets mit Regen rechnen – auch wenn zu Beginn noch die Sonne scheint. Um im Einzelfall die richtige Entscheidung treffen zu können, sind die folgenden Wetterregeln nützlich:

**» Das schöne Wetter ist nur ein kleines Zwischenhoch**

- **Die Wetterbesserung kam mit einem steilen Luftdruckanstieg (mindestens 15 Hektopascal in 24 Stunden).**
- **Der Wind weht in den höheren Luftschichten (Schäfchenwolken- und Eiswolkenniveau) weiterhin aus West, später Nordwest.**
- **Die Wetterkarte zeigt über dem Atlantik eine starke Westströmung, in die zahlreiche Tiefausläufer eingelagert sind.**

**» Die Westlage beschert uns für ein bis zwei Tage ein sonniges Intermezzo**

- **Nach einem Tiefausläufer ist klare und relativ kühle Meeresluft eingeflossen und der Luftdruck steigt stark an. Dabei fallen noch vereinzelt Schauer.**
- **In den höheren Luftschichten sind außer hochreichenden Schauerwolken kaum noch Wolken zu sehen. Und wenn, dann sehen wir sie langsam aus Südwest heranziehen.**
- **Die Wetterkarte zeigt starke West- und Nordwestwinde über dem östlichen Europa und dem Atlantik und eine Aufwölbung der Isobaren über Westeuropa, vielleicht sogar ein kleines Hoch mit Kern über Frankreich.**

**» Um allzu trübe Tourenerlebnisse zu vermeiden: wo liegen die klassischen Schlechtwetterregionen bei Westwetter?**

- **Savoyer Alpen**
- **Berner Alpen**
- **Glarner Alpen**
- **Vierwaldstätter Alpen**
- **Appenzeller Alpen.**

# Die beständigen Ostwetterlagen

Verglichen mit West- und Hochdrucklagen tritt die Ostwetterlage bei uns im Alpenraum nicht so häufig auf. Der Grund liegt in der vorherrschenden Position der Hochs und Tiefs über Europa, die uns meist die Westlage aufzwingt. Für eine Ostlage ist aber eine völlige Umstellung der Großwetterlage erforderlich, was oft nur »gelingt«, wenn sich auch die Großwetterlage über dem Atlantik erheblich ändert. Das passiert aber selten.

Im Unterschied zur Westlage ist die Luftströmung bei einer Ostlage verhältnismäßig träge. Das bedeutet, dass bei Ostwinden das herrschende Wetter relativ lange andauert und auch Wetteränderungen sich langsam vollziehen.

## Entstehung und Wetterkarte

Damit sich über Mitteleuropa eine Ostströmung einstellt, müssen wir hohen Luftdruck über Skandinavien oder Westrussland haben, während im Mittelmeerraum der Druck verhältnismäßig tief ist. Das Luftdruckgefälle kehrt sich also gegenüber dem Normalzustand um. Eine solche Luftdruckverteilung, einmal gebildet, pflegt aus strömungsdynamischen Gründen länger anzuhalten. Besonders das Skandinavienhoch gilt als ein sehr stabiles Gebilde.

So ungewöhnlich die Luftdruckverteilung ist, so ungewöhnlich ist auch das Wetter in Europa. Immer wenn in den Medien von »Wetterkapriolen« wie Dauerregen in Italien oder subtropischer Hitze in Schweden die Rede ist, zeichnet meist diese Großwetterlage verantwortlich. Auch anhaltende Sommertrockenheit oder winterliche Kältewellen im Alpenraum sind ein Phänomen der Ostlage. Denn Ostlagen transportieren trockene Festlandsluft zu uns. Diese Luftmassen haben die Eigenschaft, durch ihre Wolkenarmut die Sommerwärme zu verstärken, ebenso verschärfen sie die Winterkälte in den langen, klaren Nächten.

## Wetter und Temperaturen

Wetter und vor allem die Temperaturen unterscheiden sich innerhalb des Alpenraums bei einer Ostlage nicht so deutlich wie bei den anderen Strömungswetterlagen. Prinzipiell herrscht durch den Anstau der Ostluft im österreichischen Alpenraum oft schlechteres Wetter als weiter im Westen. Auch in Teilen der Poebene und vor allem im Piemont stauen sich die Wolken. Größere Unterschiede gibt es aber zwischen den Jahreszeiten.

Ostwinde zeichnen sich durch große Beständigkeit aus. Dabei herrscht im Alpenraum schönes Wetter vor, nur im Osten der Alpen, zuweilen auch am Ostfuß der Westalpen, sorgen Staueffekte zeitweise für Niederschläge.

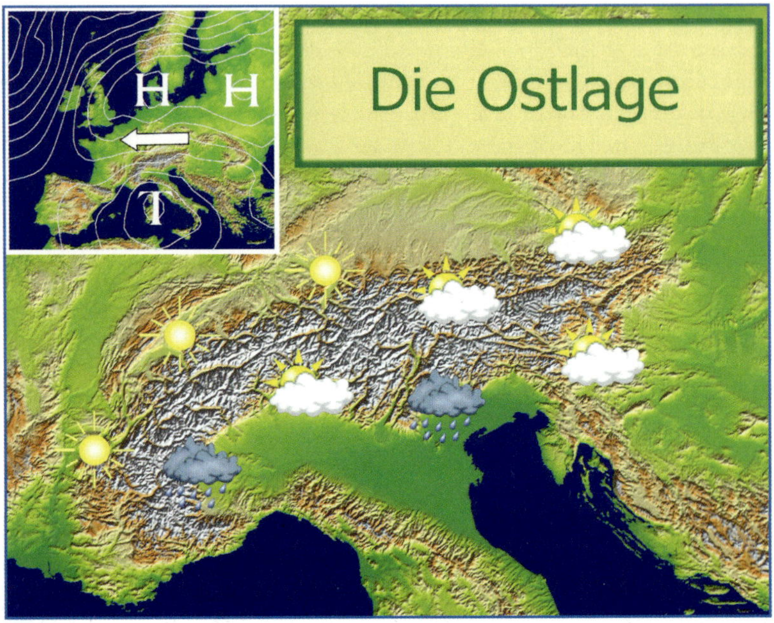


**Winter** In der kalten Jahreszeit bedeutet die trockene Ostluft große Kälte. Besonders wenn eine geschlossene Schneedecke liegt, gehen die Temperaturen in den Keller. Weht der Wind mehr aus Nordost als Ost, kommt im Schweizer Mittelland die grimmigkalte Bise auf.

Charakteristisch für die Ostlage ist ein nur geringer Höhengradient der Temperatur. Das bedeutet, dass die Winde besonders in den Niederungen zwar als »sibirisch« kalt empfunden werden. Je höher wir im Gebirge kommen, desto weniger außergewöhnlich wird die Kälte. Generell gilt:

- Je schwächer die Luftströmung ausgebildet ist, desto geringer fällt die vertikale Temperaturabnahme aus.

Manchmal ist die Oströmung so schwach, dass sie nur die tiefen Lagen beeinflusst. Darüber ist es windschwach oder südliche Winde führen milde Mittelmeerluft heran. Dann sind sogar Inversionen möglich.

Der Himmel ist vom Waldviertel bis zur Steiermark vielfach bewölkt, gebietsweise gibt es unergiebigen Schneefall. Den weiter westlich gelegenen Alpenregionen bringt die Ostlage dagegen wechselnd bewölktes, in den Westalpen sogar überwiegend sonniges Wetter. Das betrifft besonders die Höhenlagen oberhalb etwa 1000 m. Keine Regel ohne Ausnahme: Am Ostfuß des italienischfranzösischen Alpenbogens stauen sich bei Ostwind die Wolken. Für Regen oder Schnee reicht es aber oft nicht.

**Sommer** In der wärmeren Jahreszeit entstehen in den trockenen Luftmassen gute Thermikbedingungen. Die Luft kann sich stärker aufheizen und führt dadurch zu einer weiteren Abtrocknung der einströmenden Festlandsluft. Deshalb ist die Ostlage vor allem im Sommer für schönes Wetter bekannt. Die Sonne scheint nun auch im Osten verhältnismäßig oft. Die Temperaturen liegen in den Niederungen von Juni bis August meist über dem jahreszeitlichen Mittelwert. Dennoch sind Werte über 30 °C selten. Nur im französischen Alpengebiet und in der Westschweiz kann es wärmer sein.
Ist die Ostlage nur schwach ausgeprägt oder wehen die Ostwinde eher aus Südost als Ost, müssen wir uns in den Westalpen vor lokalen Wärmegewittern in Acht nehmen. Diese Gewitter erreichen in der Regel nicht das Ausmaß wie die Unwetter in feuchter Mittelmeerluft (vgl. Kapitel ab Seite 116). Trotzdem ist Vorsicht geboten, da sie recht heftig ausfallen können. Zum Glück können wir die Wolkentürme in der klaren Ostluft meist schon von weitem ausmachen und uns darauf einstellen.
Im Alpenvorland beobachten wir bei den sommerlichen Ostwinden einen sehr regelmäßigen Tagesrhythmus: morgens nur eine leichte Brise, später nimmt der Wind bis zum frühen Nachmittag deutlich zu, weht in Böen manchmal sogar mit Stärke 4 bis 5, um dann zum Abend hin wieder abzuflauen. Der Grund ist das kleine thermische Tief, das sich bei sommerlichem Schönwetter über den Alpen aufbaut (vgl. nächstes Kapitel). Es saugt den Ostwind an und macht aus ihm eine tagsüber lebhafte Brise aus Nordost. Bei Seglern und Surfern zwischen Bodensee und Chiemsee sind die verlässlichen Ostwinde deshalb beliebt.

## Dauer und Ende einer Ostlage

Durchschnittlich 5 bis 6 Tage wehen die Ostwinde ohne Unterbrechung. Damit sind sie die beständigste Großwetterlage im Alpenraum. Sie sind manchmal aber auch so stabil, dass sie den Charakter einer ganzen Jahreszeit bestimmen. So wurde der kalte Winter 1962/63, als der Bodensee zum letzten Mal ganz zufror, durch lang anhaltende Ostlagen geprägt. Auch im großen Dürresommer 1976 wurden beständige Ostlagen beobachtet. Die trockene Wärme der Ostluft begünstigte damals die verheerenden Waldbrände in Niedersachsen.
Das Ende der Ostlage wird durch ein sich abschwächendes Skandinavienhoch eingeleitet. Denn das Hoch ist eine Art Bollwerk gegen die vor Westeuropa anbrandende Westwindströmung. Wenn ihm die Luft ausgeht, bekommt der atlantische Gegenspieler Oberwasser. Westwinde übernehmen dann das Regime.

Die Ostwindtage sind gezählt, wenn die Wetterkarten folgende Entwicklung zeigen:

- Das Hoch im Norden schwächt sich auf einen Kerndruck unter 1020 Hektopascal ab.
- Über den Britischen Inseln zeigt sich ein Tiefdruckgebiet, zugleich weitet sich das neu erstarkte Azorenhoch nach Spanien aus.
- Das große Hoch behält seine Stärke bei, wandert aber allmählich über Osteuropa zum Balkan.

## Die Hochsaison

Im Unterschied zum Westwetter zeigt die Ostlagenstatistik eine klare Bevorzugung des Frühjahrs. Besonders im Mai sind Ostlagen recht häufig, sogar häufiger als Westlagen. Sie sorgen dann für ungewöhnlich wolkenarmes Wetter mit viel »Blauthermik«. Während es tagsüber schön warm ist, gehen die Temperaturen nachts oft unter 10 °C zurück. Die Ostlage im Frühjahr ist bekannt für die großen Temperaturunterschiede zwischen Tag und Nacht. Eine kleine Nebensaison findet dann noch mal Ende September/Anfang Oktober statt. Wir erkennen darin unseren »Altweibersommer« wieder.

## Tipps für die kurzfristige Reiseplanung

Generell gilt: auf eine Ostlage ist Verlass. Manchmal begleitet sie uns einen ganzen Urlaub lang. Für die Urlaubs- und Tourenplanung nun einige Tipps für die Ostlage.

» **Auf die sonnige Ostlage können wir auch in den nächsten Tagen zählen:**
- **Das Skandinavienhoch weist im Kern einen Luftdruck über 1020, besser 1025 Hektopascal auf. Zugleich ist der Luftdruck im Mittelmeerraum zwar niedriger, Tiefs sind aber nur über Spanien, Süditalien oder Griechenland auszumachen.**
- **Der Wind weht in den höheren Wolkenstockwerken (Kondensstreifen beobachten, wenn Wolken fehlen!) nur schwach oder auch aus östlichen Richtungen.**
- **Die Luft ist in allen Höhen sehr trocken. Wir erkennen das daran, dass sich der Dunst der Tal- und Beckenlagen am Vormittag rasch auflöst, die Sicht gut ist und sich nur niedrige Cumuli am Himmel zeigen – wenn überhaupt.**

» **Anzeichen einer Abschwächung der Ostlage sind:**
- **Über Tage hinweg fallender Luftdruck.**
- **In den höheren Wolkenstockwerken (Schäfchen- und Eiswolken) dreht die Strömung auf südliche Richtungen.**
- **Im Sommer zunehmender Dunst und immer mehr Quellwolken über den Bergen. Die Neigung zu Wärmegewittern nimmt zu.**

# Hochdruckwetter im Sommer

In der wärmeren Zeit des Jahres führt Hochdruck im Alpenraum zu einem anderen Witterungstyp als im Winter. Hoher Luftdruck bedeutet nun für die Niederungen, Tal- und Beckenlagen nicht mehr trübes, sondern sehr schönes Wetter. Der Grund liegt in den kurzen Nächten und in der Kraft der Sonne, die den Aufbau hochreichender Inversionsschichten unmöglich macht. Die Thermik heizt die bodennahen Luftschichten auf und lässt dadurch die relative Luftfeuchtigkeit absinken – sie wirkt austrocknend auf die Luft.

Die Thermik ermöglicht aber auch den freien Auftrieb von Luft (Konvektion). Bei genügend langer Aufstiegsstrecke und Feuchtigkeit bilden sich Cumulus-Wolken. Da die Thermik in den Bergen und hier besonders über den Hängen besonders stark ist, sind in der wärmeren Jahreszeit die höheren Berglagen sonnenscheinmäßig etwas benachteiligt gegenüber den Tälern. Hochgebirgsgipfel tauchen ab Mittag oft in die Quellwolken ein. So erreicht die »Nebel«wahrscheinlichkeit auf Gipfeln wie der Zugspitze in dieser Tageszeit fast 50%. Die Sonneninseln bei sommerlichem Hochdruckwetter sind nun die großen, breiten Täler (zum Beispiel Inntal) und das Alpenvorland.

Unterstützt wird das Schönwetter der Tallagen und des Vorlandes zusätzlich durch Absinkbewegungen der Luft. Diese werden durch thermische Winde verursacht, wie sie typisch sind für sommerliches Hochdruckwetter im Alpenraum. Dazu im Folgenden mehr.

Sommerliche Hochdrucklagen sind auch für den Flugsport die ersehnte Wetterlage, weil sie die Thermik bringen, die die Segelflieger, Drachenflieger oder wie hier im Bild die Paraglider Höhe gewinnen lässt.

### Thermische Tageswinde

Der Wärmeüberschuss der Alpen gegenüber dem Vorland sowie der Hänge gegenüber dem Tal führt dazu, dass in den erhitzten Gebieten der Luftdruck erniedrigt ist. Hochaufgelöste Luftdruckanalysen zeigen sogar, dass im Alpenraum ein kleines *Hitzetief* ausgebildet ist. Nun

brauchen wir nicht zu befürchten, dass das Tief Schlechtwetter bringt. Denn Hitzetiefs bestehen aus relativ trockener Luft und reichen in der Atmosphäre normalerweise nur 1 bis 2 Kilometer hoch. Sie haben aber die Eigenschaft, einen Sog auf die Umgebungsluft auszuüben und damit eine stete Luftbewegung in Gang zu setzen.
Das Ergebnis ist ein *thermischer Wind*, den man vor allem im Vorland und in den Tälern spürt:

- An sommerlichen Schönwettertagen entsteht am Vormittag eine Brise, die vom Flachland zum Gebirge gerichtet ist. Sie weht in das Gebirge hinein, wobei sie besonders durch die großen Täler kanalisiert wird *(Talaufwinde)*. Dort greift sie in die Nebentäler ein und findet in den thermischen Winden an den von der Sonne beschienenen Hängen *(Hangaufwinde)* ihre Fortsetzung. Dieser Wind weht, solange die Hänge bzw. die Bergregion insgesamt wärmer als ihre Umgebung sind. Am Abend schlafen die Tal- und Hangwinde ein.

Diese gegen das Zentrum der Alpen gerichtete Luftströmung ist nur ein Teil eines großen Luftkreislaufs, weshalb der Meteorologe auch lieber von einer thermischen *Zirkulation* spricht (vgl. Abb. Seite 112):

- Als Ausweichbewegung der im Gebirge zusammenkommenden Luftmassen steigen diese über dem Gebirge auf, um dann in der Höhe von 1 bis 2 Kilometern über Kammniveau allseitig wieder zu den Vorländern zurückzuströmen. Dort sinken sie ab, um das Luftdefizit zu stopfen, das der untere Ast der Zirkulation dort ständig erzeugt.

Als Leitwolke am sommerlichen Hochdruckhimmel gilt der kleine Cumulus humilis. Er markiert den Oberrand des unsichtbaren Thermikschlauchs oder der Thermikblase. Bei einer ausgeprägten Hochdrucklage entwickelt er sich kaum weiter, während in einem schwachen Hoch die Quellwolken bessere Aufstiegschancen haben.

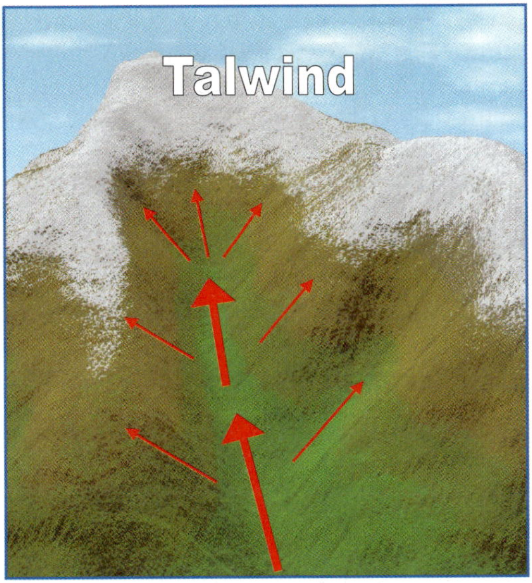

- Einen solchen geschlossenen Kreislauf der Luft beobachtet man auch in jedem Gebirgstal: Erwärmte Luft steigt als Hangaufwind bis zum Gipfel, Grat oder Kamm. Dort wendet sich der Luftstrom horizontal in Richtung Talmitte zurück, um durch Absinken wieder an den unteren Hangaufwind anzukoppeln.
- Am Talboden wehen also tagsüber Winde sowohl talaufwärts als auch hangaufwärts.

In den Nacht- und Morgenstunden fließt die schwere Kaltluft die Hänge als Hangabwind hinunter. Im Tal folgen die zusammenfließenden Kaltluftströme der Talneigung und strömen so als Bergwind dem Talausgang zu.

Oben links:
Die Sonne erwärmt an Schönwettertagen die Hänge und die entstehende Hangthermik führt zu Hangaufwinden. Als Ersatz für die weggeführte Luft strömen aus dem unteren Talbereich Luftmassen nach. So entsteht der Talwind.

Die Wirkungen dieser Zirkulation haben wir als Segler und Surfer zu schätzen gelernt. Die thermischen Winde wehen im Alpenraum, weil es ein Hochgebirge ist, in ausreichender Stärke, sind zuverlässig und nicht allzu böig. Wo sie besonders zuverlässig wehen, haben sie sogar einen eigenen Namen. Am Nordufer des Genfer Sees kennt man den Rébat, der aus West bis Südwest gegen die Alpen weht. Am Gardasee besorgt die aus südlichen Richtungen wehende *Ora* den Druckausgleich.
Manchmal sind die inneralpinen Talaufwinde durch die starke Thermik so ungestüm, dass sie Pässe überwinden und in das andere Tal hinunter wehen, also meteorologisch gesehen »von der falschen Seite« kommen. Bekannt für diesen Thermikwind der etwas anderen Art ist der *Malojawind* im Oberengadin. Die Segler und Surfer auf dem Silvaplanasee freut's.
Als Paraglider und Drachenflieger ist uns vor allem die Thermik über den Hängen in Gestalt des Hangaufwindes willkommen. Segelflieger orientieren sich an den wie an einer Perlenschnur aufgereihten Cumuluswolken

Was wir als Talwind oder Bergwind erleben, sind nur die unteren Zweige der großen thermischen Luftzirkulationen, die in Zeiten sommerlichen Hochdruckwetters auch das Alpenvorland mit einschließen. Die tagsüber über dem Vorland abwärts gerichteten Strömungszweige sind die Erklärung für die gehemmte Quellwolkenbildung, wie wir sie oft im Vorland beobachten, während über den Bergen die Wolken in die Höhe wachsen.

über den Hängen und Graten. Ohne diese »Flugstraßen« wären weite Streckenflüge nicht möglich.

Als Wanderer und Bergsteiger freuen wir uns über die angenehme Brise, die in der heißesten Tageszeit etwas Kühlung bringt.

Ein Wermutstropfen ist allerdings die Quellbewölkung über den Gipfeln. Sie dämpft nicht nur die Thermik, was Wasser- wie Luftsportler gar nicht gerne sehen. Sie kann in hochreichend feucht und labil geschichteten Luft-

Der Segler schätzt den steten thermischen Wind, der arm an Böen ist und in Revieren mit flachem Ufer, wie hier am Ammersee in Oberbayern, durchaus brauchbare Stärken aufweist.

Ein Wärmegewitter hat diesen Wildbach anschwellen lassen.

massen auch Schauer- und Gewitterwolken entstehen lassen. Örtlich entstehen starke Wärmegewitter mit heftigen Böen, Platzregen, Hagel und gefährlichen Blitzschlägen. Vor dieser Entwicklung haben alle im Gebirge, Spaziergänger wie Sportler, gehörigen Respekt. Mit Recht. Denn alljährlich sterben Menschen in den Alpen durch Folgewirkungen solcher *Überentwicklungen* der Thermik, wie es bei den Fliegern heißt. Dazu zählen Blitzschläge und Sturmböen wie auch Hochwasser, Murenabgänge und Steinschläge.

Man hört dann oft von plötzlichen Wetterumschlägen, von Gewittern, die »wie aus heiterem Himmel« hereinbrachen. Doch in Wirklichkeit ist oft die Unerfahrenheit mit dem Alpenwetter der Grund für den Überraschungseffekt. Dazu einige wichtige Wetterregeln.

**»» Mit heftigen lokalen Wärmegewittern müssen wir rechnen, wenn**

- **schon am Mittag große Quellwolken (Cumulus congestus) am Himmel stehen**
- **Quellwolken im oberen Bereich in Form eines Ambosses zerfasern (Cumulonimbus incus)**
- **im Tal große Schwüle herrscht und wenig Wind bis mindestens 4000 m herauf ist**
- **der Luftdruck vom Vormittag zum Nachmittag rasch um einige Hektopascal fällt.**

Noch rechtzeitig haben wir den Gipfel erreicht, bevor die Quellwolken ihn einhüllen. Wie so oft im Sommer bringen die Hochdrucklagen den Gipfeln nach den Mittagsstunden schlechte Sichtbedingungen durch Quellwolken und zuweilen auch eine erhöhte Gewitterneigung. Im Sommer heißt es deshalb: früh aufstehen.

Zum Glück verfügt der Bergsteiger mit seinem Höhenmesser über ein Gerät, das eine ständige Kontrolle der Luftdruckentwicklung erlaubt. Nur eines müssen wir in diesem Zusammenhang natürlich bedenken. Die Höhendistanzen, die wir beim Auf- oder Abstieg zurücklegen, sind erst einmal herauszurechnen, bevor wir die meteorologisch bedingte Druckänderung feststellen können. Schließlich bedeutet schon ein Aufstieg von 30 Höhenmetern einen »Luftdruckfall« von fast 4 Hektopascal.

## Thermische Nachtwinde

Am Abend erlischt das »Feuer« im Gebirgsraum, das den Antrieb für die Tageszirkulation gab. Es gibt nun keine Temperaturunterschiede mehr zwischen Gebirgstal und Vorland. Flaute tritt an die Stelle der Zirkulation. Doch nur für kurze Zeit.

Die Luft kühlt sich nun über dem erkaltenden Boden ab, an den Talhängen im Gebirge wie auch im Vorland. Allerdings sind die Kaltluftproduktionsgebiete im Gebirge vielfach geneigt (Hänge). So folgt die schwere Kaltluft wie ein Bächlein am Hang der Schwerkraft und fließt als Hangabwind in Richtung Talboden, wo sie sich mit anderen Kaltluftströmen, die vom Oberlauf des Tales und kleineren Nebentälern kommen, vereinigt. Besonders kalt wird es in den Tälern, wo der Hang als Kaltluftproduktionsfläche lang ist und hoch reicht. Zudem kommt im Hochgebirge die Kaltluft von den Schnee- und Gletscherflächen ebenfalls hinzu.

Diese Winde fasst der Meteorologe unter dem Begriff *katabatische Winde (Schwerewinde)* zusammen.

Dieser Kaltluftstrom, den wir jetzt *Talabwind* oder *Bergwind* nennen, fließt talabwärts, bis er die Talausgänge zum Vorland erreicht.

- Insgesamt kühlt das Gebirge in der Nacht stärker aus als das Vorland. Es bildet sich folglich ein thermisches Hoch im Gebirge aus, ein Kältehoch. Das resultierende Luftdruckgefälle zwischen dem Bergland und seinem Vorland treibt die kalte Bergluft ins Vorland hinaus.

Die gesamte thermische Zirkulation der Nacht, die *Bergwindzirkulation*, besteht analog zur Tageszirkulation aus verschiedenen Strömungszweigen (vgl. Abb. Seite 112):

- Der Bergwind weht ins Vorland hinaus, wo er aufsteigt und als Oberströmung zum Gebirge zurückfließt. Dort sinkt die Luft als Ersatz der aus dem Tal bzw. dem Gebirge abfließenden Luftmassen aus den höheren Luftschichten über den Gipfeln, Kämmen und Graten ab.
- Einen solchen geschlossenen Kreislauf der Luft beobachtet man auch in jedem Gebirgstal: Die vom Talschluss und den Hängen abfließende Kaltluft sammelt sich im Taltiefsten, wobei ein Teil der Luftmassen nach oben ausweicht. Die Luft steigt also direkt über dem Tal auf. Im Gipfelniveau teilt sich die aufgestiegene Luft, um beidseits horizontal Richtung Oberhang zurückzuströmen. So schließt sich der Kreislauf.
- Nachts wehen also Winde sowohl von den Hängen als auch vom Talschluss her abwärts.

Mit den Wirkungen dieser nächtlichen Zirkulation sind wir vertraut:
Als Segler sind wir froh, nicht zum Liegeplatz zurückpaddeln oder motoren zu müssen und nutzen die leichte Abendbrise. Allerdings funktioniert das zur Tageslichtzeit oft nur auf den Seen im oder unmittelbar am Fuße der Berge, wo der Bergwind schon frühzeitig einsetzt. Am Gardasee wird der abends und frühmorgens erscheinende Bergwind von Seglern und Surfern als *Vento* geschätzt. Im Osten des Genfer Sees, wo das große Rhônetal die Alpen verlässt, verlässt sich der Segler auf die *Chamoisine*, wie der Bergwind der Alpen dort heißt.
Die Seen weiter draußen im Vorland bekommen jedoch erst im Laufe der Nacht ihren Bergwind. Ein Beispiel ist der *Mitternachtswind* am Südende des Starnberger Sees.
Als Segelflieger, Paraglider und Drachenflieger meiden wir die hangnahen Bereiche, da die Abwinde zum Teil gefährlich werden können. Hingegen begünstigt die Aufwindkomponente über der Talmitte den Flug. Die Talmitten lassen sich nun gut »ausfliegen«, heißt es.
Als Wanderer und Bergsteiger kommen wir manchmal gehörig ins Frösteln, wenn wir die kühle Hangbrise spüren. Die Abwinde bauen im Ver-

lauf des Abends einen *Kaltluftsee* im Tal auf, der eine scharfe Grenze zur wärmeren Luft oben hat *(Inversion)*. Beim Abstieg spüren wir es oft ganz deutlich, wie wir innerhalb nur weniger Höhenmeter ganz in den Kaltluftsee eintauchen. Der Temperatursprung beträgt nicht selten 5 °C und mehr. Am frühen Morgen wird der Seespiegel in der Regel durch eine Dunstgrenze sichtbar. In feuchten Luftmassen und nach langer Auskühlungszeit (Herbst) bilden sich auch Talnebel aus, die oft erst am Vormittag den Sonnenstrahlen weichen.

Die allgemein abwärtsgerichtete Luftbewegung über dem Gebirge begünstigt die Auflösung der Quellwolken, denen mit sinkender Sonne ohnehin die Thermik als notwendige Antriebskraft genommen ist. Ein Schönwettertag im Gebirge beginnt deshalb nicht nur mit viel Sonne, er endet auch damit. So kann die untergehende Sonne ohne Behinderung durch Wolken die Bergflanken zum bekannten »Alpenglühen« animieren.

## Unwetterlagen im Alpenraum

Das schreckliche Lawinenunglück von Galtür im Februar 1999, das 38 Menschenleben forderte, hat in Erinnerung gerufen, dass im Alpenraum Naturkatastrophen besonders verheerend ausgehen können.

Die Ursachen liegen zum einen in der starken Zerfurchung dieses geologisch noch recht jungen Gebirges. So entstanden viele stark geneigte Oberflächen, die als Rampen für Schnee-, Stein- und Erdmassen dienen können.

Kurz vor Ausbruch eines Hagelunwetters am Flughafen Innsbruck (20.7.1985). Der vermeintlich harmlosere, hellere Bereich der Gewitterwolke birgt die mehrere Zentimeter großen Hagelschloßen.

Es gibt zugleich auch viele Talungen, in denen sich das Wasser als Hochwasser stauen kann.
Zum anderen befindet sich der Alpenraum in der wechselhaftesten Klimazone der Erde. Hier treffen warme und kalte Luftmassen aufeinander, was immer wieder zur Entstehung starker Winde und Tiefdruckgebiete führt. Wind und Niederschlag sind aber die meteorologischen Hauptursachen für Unwetterkatastrophen.
Nicht zuletzt trägt auch das veränderte Freizeitverhalten eine Mitschuld an den Unglücken. Immer mehr Menschen fahren in die Alpen. Immer mehr Menschen sind darunter, die nicht über genügende Wetterkenntnisse verfügen. Sommerliche Unwetter kommen nie »aus heiterem Himmel«, und auch Lawinen- oder Murenabgänge sind in der Regel vorhersehbar. Wichtig ist, dass wir mit der Wetterlage vertraut sind und wissen, wie Boden und Relief auf Wettereinflüsse reagieren.

## Starkregen

Als »Starkregen« definiert der amtliche Wetterdienst Regenmengen von mehr als 17 Liter pro Quadratmeter innerhalb einer Stunde. Solche Intensitäten sind im Flachland ungewöhnlich und dauern selten länger als über 6 Stunden hinweg. Was aber in den Alpen für Mengen möglich sind, liegt weit über jenem Schwellenwert. Denn Starkregen sind hier oft sehr ergiebig und können länger als 12 Stunden andauern.
In der Veltlin-Region fielen während der Sintflut-Wetterlage im August 1987, als ganze Täler in den Fluten versanken, mehr als 200 Liter innerhalb von 16 Stunden. Das große Pfingsthochwasser vom Mai 1999 bescherte Nordtirol Mengen bis zu 150 Liter in 10 Stunden. Legendär ist jener Starkregen von Füssen/Allgäu vom 25. Mai 1920: 126 Liter in 8 Minuten!
**Meteorologische Voraussetzungen** Die langjährige Starkregenstatistik zeigt, dass sich solche Unwetter im späten Frühjahr oder im Sommer häufen. Das liegt an zwei meteorologischen Voraussetzungen für Starkregen, die nur in diesem Zeitraum im Alpengebiet erfüllt sind:

- Labile Luftschichtung
- Hoher Wasserdampfgehalt der Luftmassen
- Schwache Höhenwinde.

Es sind genau die Bedingungen, unter denen Regenfälle tropischen Ausmaßes möglich sind, und die in der Tat typisch für die berüchtigten Gewitter in den Tropen sind.
Bei hohen Lufttemperaturen können auch hohe Mengen an Wasserdampf in der Luft enthalten sein. Wie groß die Wassermenge ist, die Luftmassen

Eine starkregenträchtige Wetterlage ist die sog. Vb-Wetterlage: ein Tief mit dem Kern über Oberitalien. Die Einbeziehung warmer Mittelmeerluft in die Zirkulation ist die Hauptursache für die ergiebigen Niederschläge. Die Satellitenaufnahme vom 21. Mai 1999 zeigt die Wetterlage des Jahrhunderthochwasssers (Alpenraum, Alpenvorland).

mit Temperaturen über 20 °C zu binden vermögen, zeigt sehr schön das Diagramm auf Seite 17. Verglichen mit 20 °C enthält 30 °C warme Luft bei Sättigung fast das Doppelte an Wasserdampf. Mit jedem Grad oberhalb der Zwanzig-Grad-Marke erhöht sich also das potentielle Unwetterrisiko progressiv. Natürlich bedarf es als »Startschuss« noch einer entsprechenden Großwetterlagenkonstellation im Alpenraum.

Zu dieser Konstellation gehören schwache Höhenwinde in der Schicht zwischen 3 und 6 Kilometer, wo die entscheidenden Transportprozesse der hochreichenden Gewitterwolken stattfinden. Der Grund: Wenn die Höhenwinde schwach sind, können sich einmal gebildete Unwetter auch länger über einer bestimmten Region austoben. Zwischen Mitte Mai und Anfang September sind diese Bedingungen oft gegeben.

**Die charakteristische Großwetterlage (Wetterkarte)** Die meisten Starkregen-Unwetter im Alpenraum ereignen sich, wenn ein großes Tiefdruckgebiet mit seinem Kern über dem Golf von Genua zur nördlichen Adria zieht und sich von dort langsam über den Ostalpenraum in Richtung Tschechien weiterverlagert. Diese Tiefdruckbahn ist derart berüchtigt für Unwetter, dass sie in der römisch bezifferten Zugbahnklassifikation der Meteorologen einen eigenen Namen bekommen hat: die Vb (sprich: »Fünf B«)-Wetterlage. Wenn sich eine solche Entwicklung andeutet, dann schieben die Meteorologen im Vorhersagedienst Sonderschichten.

Der Grund für die hohen Niederschlagsmengen liegt im Zusammentreffen einer Reihe von Faktoren, von denen jeder für sich schon als unwetterträchtig gilt:

- Tiefdruckkern im Nahbereich der Alpen (⇛ max. Kondensation und Regenneigung)
- Anfangs feuchte Südostwinde (⇛ Stauregen an der Alpensüdseite)
- Später Hebung der Mittelmeerluft über den Alpen (⇛ verbreitet ergiebiger Dauerregen)
- Schließlich feuchte Nordwinde (⇛ Stauregen an der Alpennordseite).

Dieser geballten Ladung an Wasser entgeht kaum eine Alpenregion. Am schlimmsten trifft es den italienischen und österreichischen Alpenraum. Dagegen kommt die Westschweiz oft glimpflich davon.
Dennoch treten in den Westalpen deswegen nicht weniger Unwetter auf. Hier gilt eine andere Großwetterlagenkonstellation als besonders gefährlich: die Gewittertief-Lage. Dabei muss das Tief im Wetterkartenbild noch nicht einmal besonders in Erscheinung treten. Typisch ist ein Kernluftdruck zwischen 1005 und 1015 Hektopascal, wobei der Kern oft über Südfrankreich liegt. Dann strömt feuchte und labil geschichtete Luft aus dem westlichen Mittelmeerraum in den Westalpenraum ein. Die nur moderate Tendenz zur Luftmassenhebung und -kondensation ermöglicht jeweils in

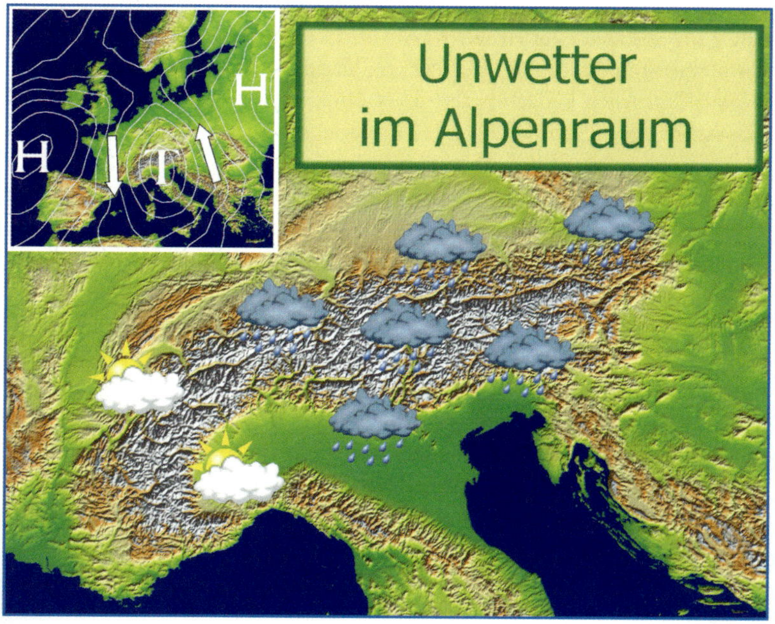


Ein Tief mit dem Kern am Alpensüdrand führt warme Mittelmeerluft und kühlere Skandinavienluft zusammen. Das Aufgleiten der Warmluft über der Kaltluft geschieht über dem Alpenraum und ist mit ergiebigen Niederschlägen verknüpft.

Ein »Gebirge« aus hochreichenden Quellwolken bildet sich im Augenblick der Aufnahme in eine Gewitterwolke um, erkennbar an den glatt aussehenden oberen Enden der Wolke im linken Bildbereich.

der ersten Tageshälfte viel Sonnenschein. Die starke Thermik führt zur Bildung von hochreichenden Cumulonimbuswolken über den Bergen, die ihren Reifezustand schon am späten Mittag erreichen. Der Nachmittag und der Abend stehen deshalb ganz im Zeichen der Unwetter. Eine nur geringe Höhenströmung ist dafür verantwortlich, dass sich die Gewitter räumlich begrenzt, aber dafür um so konzentrierter entladen. Eine solche Wetterlage führte zu dem großen Canyoning-Unglück am Nachmittag des 27. Juli 1999 im Berner Oberland, bei dem 21 Männer und Frauen ihr Leben verloren. Während am Unglücksort selbst kaum etwas von dem Unwetter zu spüren war, gingen am oberen Einzugsgebiet der Schlucht Sintfluten nieder. Erdrutsche erzeugten eine Flutwelle, die die Sportler in der engen Klamm überraschte.
Das Unglück in der Schweiz erinnert daran, dass die Schadenswirkung von Starkregen selten unmittelbarer Natur ist. Vielmehr führen Starkregen zu eine ganzen Palette gefährlicher Folgeerscheinungen. Für diese Folgen ist der Gebirgscharakter der betroffenen Regionen wesentlich mitverantwortlich.

**Auswirkungen** Sommerliche Unwetterlagen haben eine Reihe direkter und indirekter Schadwirkungen:

- Blitzschlag
- Sturmböen
- Hagelschlag
- Steinschlag und Muren (Erdrutsche)
- Hochwasser
- Schadstoffbelastung der Gewässer
- Stromausfälle.

Das Gebirge erzeugt im Vergleich zum Flachland heftigere Aufwinde in den Thermikschloten der lokalen Gewitter. Gewitter werden oft auch im Verlauf der Vb-Wetterlagen innerhalb der Tiefdruckbewölkung beobachtet.
Entsprechend intensiv sind die Ereignisse im Hinblick auf Starkregen, Blitz- und Hagelschlag sowie Sturmböen. Die großen Wassermengen ver-

mag der Boden in der kurzen Zeit nicht aufzunehmen. Zudem sammeln sich durch Abflüsse von Seiten der Hänge zusätzliche Wassermengen im Tal. So herrscht Hochwassergefahr im Tal. Die Dämme von Seen und Talsperren drohen zu brechen.
Die erosive Kraft der rasch fließenden Wassermassen zerstört den Boden und die Vegetation. Das führt auch zum Verlust des Zusammenhalts mit dem Untergrund. Steinschlag und Erdrutsche (Muren) sind die Folge. Manchmal gerät eine ganze Bergflanke in Bewegung. Die Erdmassen rutschen ins Tal, wo sie die Hochwasser führenden Flüsse aufstauen. Die Folgen sind katastrophal, wie das Veltlin-Unglück vom August 1987 zeigt.

## Unwetter-Regeln

Für den Wanderer, Segler, Surfer und Bergsportler werden die Unwetter oft erst durch ihren Überraschungseffekt zu Katastrophen. Deshalb nun einige Wetter- und Verhaltensregeln.

» **Die Merkmale starker Sommerunwetter sind:**
- **Mittelmeerluft beherrscht bei relativ tiefem Druck das Wetter (unter 1015 Hektopascal).**
- **Ein Tief zieht über Oberitalien im Richtung Österreich.**
- **Cumulonimbuswolken bilden sich bereits am Mittag in schwüler Luft.**
- **Der Wind weht auf ein Gewitter zu (das sich dennoch nähert).**
- **1 bis 2 Stunden vor einem heftigen Gewitter fällt der Luftdruck um einige Hektopascal.**
- **Nach einem Gewitter ist kaum Abkühlung eingetreten.**

» **Wer nicht sich oder Freunde und Familie in Gefahr bringen will, sollte an gewitterverdächtigen Tagen einige Vorsichtsmaßnahmen beherzigen:**
- **Aufenthalt nur in einem vertrauten Berggelände oder Segelrevier.**
- **Auf größere Unternehmungen mit ungewissem Zeitaufwand verzichten.**
- **Sich über die Zeit der Dämmerung im Klaren sein (s. Anhang).**
- **Das Handy mitnehmen (auch wenn wir es im Urlaub ungern benutzen).**
- **An Regenschutz denken, auch wenn zu Beginn noch Sonne und 30 °C herrschen.**
- **Alle Informationen über die Unterschlupfgelegenheiten (zum Beispiel Hütten) einholen.**
- **Himmel und Luftdruck aufmerksam beobachten.**

Zur Himmelsbeobachtung noch ein Tipp: Ein Problem ist der starke Dunst, der häufig vor einem heftigen Gewitter auftritt und das Erkennen der charakteristischen Wolkenformen erschwert oder sogar unmöglich macht. Wenn wir die Sonnenbrille aufsetzen oder durch das Objektiv einer Kamera blicken, dem ein Polfilter aufgesetzt ist, sehen wir die Wolken trotz Dunst viel besser!

## Lawinen

Lawinen sind eine Geißel geologisch junger Gebirge wie der Alpen oder des Himalaya. Die Bergflanken sind steil und hoch. Das bedingt im Vergleich mit anderen Gebirgen eine besondere Anfälligkeit für Lawinenabgänge, und zwar aus mehreren Gründen:

- Häufige Selbstauslösung von Abgängen (Faktor »Hangsteilheit«)
- Große Schneemengen (Faktor »Meereshöhe«)
- Vielfach Triebschneeansammlungen (Faktor »Starke Höhenwinde«)
- Ausreichende Rampenlänge (Faktor »Höhe über Baumgrenze«).

In den Alpen kommt ein weiterer, Lawinen begünstigender Umstand hinzu:

- Wechselhaftes und niederschlagsreiches Klima.

Diese Klimabedingungen bedeuten, dass meist genügend »Rohstoff« da ist und sich die Schneedecke aus unterschiedlich fest gebundenen Schichten zusammensetzen kann. Solche Bedingungen herrschen in der Regel vor katastrophalen Lawinenabgängen. Regenwetter nach vorangegangenen ergiebigen Schneefällen war die Ursache für das schwere Lawinenunglück, das sich am 28. März 2000 am Kitzsteinhorn im Salzburger Land ereignete. Die regenschwere Schneemasse geriet auf einer Breite von einem halben Kilometer ins Rutschen und begrub zwölf Skifahrer unter sich, für die jede Hilfe zu spät kam.

**Meteorologische Voraussetzungen** Die meteorologischen Bedingungen für schwere Lawinenabgänge sind vielfältig. Im Unterschied zu den sommerlichen Wetterkatastrophen durch Starkregen spielt beim Lawinenwetter auch die Wetterentwicklung der Vortage eine Rolle. Zusammen mit den örtlichen Unterschieden in der Lawinengefahr, die sehr groß sein können, da die Hangexposition ein entscheidender Faktor ist, erwächst daraus ein komplexes Faktorengefüge, das für den Laien nicht mehr durchschaubar ist. Deshalb gibt es in jedem Alpenland Lawinenwarnstellen, die durch Experten vor Ort die Gefährdung einschätzen lassen und tägliche Bulletins herausgeben. Wichtig für den Tourengeher ist aber, dass er die Bedeutung der fünf Lawinenwarnstufen kennt und mit den entsprechenden Verhaltensregeln vertraut ist (s. Tabelle im Anhang).

Trotz der Komplexität der Ursachen sollen im Folgenden einige Wetterentwicklungen genannt werden, die zu einer hohen Lawinendisposition führen.

Zu den wichtigsten Lawinen-Wetterlagen zählen:

- Ergiebige Schneefälle
- Stauniederschläge bei starken Höhenwinden
- Tauwetter mit anhaltenden Regenfällen.

Große Neuschneemengen bei tiefen Temperaturen führen zum Aufbau einer mächtigen Pulverschneeauflage. Bei diesen Temperaturen ist das Gewicht nicht der Problemfaktor Nummer eins, sondern die (je nach Wettervorgeschichte mehr oder minder) mangelnde Haftung mit dem Untergrund (Altschnee: Packschnee, Harsch etc.). So können sich bei größeren Schneeansammlungen *Lockerschnee-* oder *Staublawinen* bilden.

Bei Windgeschwindigkeiten von mehr als 80 km/h bilden sich in der Winddüse im Gipfelbereich (Kuppeneffekt) lange Schneefahnen. Sie nähren die gefährlichen Triebschneeansammlungen am Leehang.

» **Als Faustregel für die Lawinengefährdung in Abhängigkeit der Neuschneemengen in Tourengebieten gilt:**
**10-30 cm: leichte Lawinengefahr**
**30-50 cm: mäßige bis große Lawinengefahr**
**50-70 cm: große bis sehr große Lawinengefahr**
**70-120 cm: akute Lawinengefahr**
**über 120 cm: Katastrophensituation.**

Starke Winde im Hochgebirge bilden hinter Graten und Gipfeln Luftwirbel. Diese Wirbel haben die Eigenschaft, einen Großteil des fallenden Schnees zusammen mit dem luvseitig verblasenen Schnee am Leeabhang abzuladen.

» **Dabei gilt die Faustregel:**
**20-60 km/h-Winde: doppelte Neuschneemenge**
**über 60 km/h-Winde: dreifache Neuschneemenge.**

So akkumulieren sich am Leehang große Schneemengen, die ein enormes Ausmaß erreichen, wenn der Schneefall bei starken Winden aus gleicher Richtung über Tage hinweg andauert.
Wir kennen diese Ansammlungen als Wächten. Die Schneekristalle sind in diesen Paketen stark miteinander verbacken. Das hohe Gewicht, das bis zu 300 Kilogramm pro Kubikmeter betragen kann, und eine ungünstige Spannungssituation im Eisverband (besonders wenn Schönwetter zuvor für viel Reif auf dem Altschnee geführt hat) bilden eine gefährliche Mischung. Triebschnee oder Packschnee heißt dieser Schneedeckentyp. Eine plötzliche Belastung durch Skifahrer oder eine weitere Gewichtszunahme durch Temperaturerhöhung sind die auslösenden Faktoren für die gefährlichste

aller Lawinenarten: die *Schneebrettlawine.* Als tonnenschwere Schneeschollen gleiten die Triebschneemassen talabwärts.

Eine rasche Erwärmung führt zu einem starken Anstieg des spezifischen Gewichts der Schneedecke. Der Festigkeitsverlust der nassen Schneedecke, die bis zum Boden aufgeweicht sein kann, erhöht die Labilität der Massen. Wenn dann auch noch unter Tiefdruckeinfluss milde Luftmassen heranströmen und es wiederholt oder anhaltend regnet, verwandelt sich der Altschnee in eine tickende Zeitbombe. Die tödliche Lawine vom Kitzsteinhorn im Frühjahr 2000 war eine solche *Nassschneelawine.* Dieser Lawinentyp tritt im Frühjahr in den Alpen am häufigsten auf, wenn noch große Schneemengen vorhanden sind und plötzliche Warmluftschübe, wie sie typisch für diese Jahreszeit sind, auftreten. Dabei muss es nicht unbedingt regnen. Es reicht eine rasche Erwärmung durch kräftige Sonneneinstrahlung (Südhänge; Ende April hat die Sonne dieselbe Kraft wie Ende August!) oder durch Föhneinbrüche.

**Die charakteristische Großwetterlage (Wetterkarte)** Die meisten Lawinenunglücke lassen sich auf ergiebige Niederschläge, hohe Windgeschwindigkeiten und abrupte Erwärmungsschübe zurückführen. Während die unmittelbare Auslösung der Lawinen nicht selten durch die Menschen selbst geschieht, werden die Voraussetzungen stets durch bestimmte Großwetterlagen geschaffen.

Lawinenträchtige Konstellationen von Hoch und Tief im Alpenraum sind:

- Die Nordwestlage: Starkes Biskayahoch – starkes Tief über Nord- oder Osteuropa – kräftige und relativ milde Nordwest-Winde in allen Höhen mit eingelagerten Tiefausläufern (⇛ Große Neuschnee- und Triebschneemengen mit labilem Aufbau in den West- und Nordalpen).
- Die Stau-/Föhnlage: Stürmische Süd- und Nordwinde (⇛ Große Neuschneemengen im Luv des Alpenhauptkamms, Trieb- und Nassschneeansammlungen im Lee).
- Die Hochdrucklage im Frühjahr: Hoch über den Alpen oder östlich der Alpen mit starker Erwärmung und kräftiger Sonneneinstrahlung in allen Höhen (⇛ Nassschneebildung überall im Alpenraum, Gefährdungspotential je nach Schneedeckenhöhe).

Solche enormen Schneewächten bilden sich durch die akkumulierende Kraft des Windes im Oberhangbereich von Leehängen. Für den Menschen stellen sie tickende Zeitbomben dar (Schneebrettlawinen).

Als lawinenreiche Jahreszeit gilt der Zeitraum Dezember bis April. Was aber vielen gar nicht bewusst ist: auch im Sommer kommt es zu Lawinen. Oberhalb von 3000 m Meereshöhe sind wir das ganze Jahr über vor Lawinen nicht gefeit.

### Verhaltensregeln

Schon bei der Tourenplanung sollten wir als Wanderer, Bergsteiger, Ski- oder Snowboardfahrer wissen, wo wir Informationen zur Lawinenlage erhalten und welche Wetterlage herrscht.

» **Außerdem gibt es einige Regeln für das Verhalten unterwegs:**

- **Informationen zur aktuellen Lawinengefährdung im Tourengebiet einholen.**
- **Informationen über die zukünftige Wetterentwicklung einholen (Radio, Fernsehen, Zeitung, Internet etc.). Entwickelt sich eine der drei Lawinenwetterlagen?**
- **Sich über die Schnellmethoden zur Prüfung der Schneedecke im Gelände informieren.**
- **Früh am Tag losgehen (morgens und vormittags meist höhere Schneedeckenfestigkeit als nachmittags und abends, besonders im Frühjahr).**
- **Das Handy auf die Tour mitnehmen (hat schon vielen Verschütteten das Leben gerettet!).**
- **Unsichere Hangbereiche meiden (im Zweifelsfall alle Hänge außerhalb der gesicherten Pistenbereiche).**

Eine kleine Nassschneelawine, erkennbar an dem fächerartigen Umriss. Ursache ist ein rascher Temperaturanstieg, wie er bei Föhn oder einer Hochdrucklage im Frühjahr auftritt.

Schließlich noch ein Tipp der Lawinenprofis: Die Ansatzstellen der gefährlichen Schneebrettlawinen sind die leeseitigen Oberhänge. Das wissen wir. Doch wo waren zur Zeit des Schneedeckenaufbaus Luv und Lee? Woher wehte der Wind? Die Antwort gibt uns die Schneeoberfläche selbst. Starke Winde bilden kleine Rippel im Schnee aus, die im rechten Winkel zum Wind angeordnet sind. Neben diesen *Schneedünen* weisen sogenannte *Zastrugi*-Erscheinungen (»Windgangeln«) auf die Windrichtung hin: verhärtete, leicht geneigte Schollen, deren steile Stirnseite in Windrichtung weist.

# Vom Alpenglühen zum Brockengespenst: Optische Phänomene und ihre Bedeutung

Die Berge bedeuten für uns nicht nur Erholung – sie sind auch ein Naturerlebnis. Zu den Momenten, die man selten vergisst, gehört der Anblick farbenprächtiger Himmelsphänomene. Der Meteorologe nennt sie nüchtern optische Erscheinungen.
Außer dem optischen Genuss bieten die Phänomene dem erfahrenen Tourengeher aber auch einen Einblick in die Wetterküche der Berge. Wer sie zu deuten weiß, schaut in die Zukunft.

## Alpenglühen

Zu den faszinierendsten Augenblicken in Zeiten der Dämmerung zählt das Alpenglühen: die Felswand eines hohen Gipfels leuchtet in rosaroten bis purpurnen Farben. Der Gipfel nimmt uns damit völlig für sich ein – nicht nur durch die Farbenpracht, sondern auch dadurch, dass er sie nur für sich reserviert hat. Denn für seine tiefere Umgebung herrscht bereits (oder noch) Nacht.
Das Alpenglühen ist ein Schönwetterphänomen. Aber es ist etwas Besonderes. Während wir an normalen Schönwettertagen Morgen- und Abendrot immer genießen können, zeigt sich das Alpenglühen nur auf unbewaldeten, hohen Berghängen, die aus hellem Felsmaterial bestehen. Die besten Glüh-Eigenschaften weisen die hellen Kalkfelsen auf. Alternativ tut es auch Schnee. Außerdem dürfen sich keine höheren Berge in Sonnenrichtung befinden. Denn zum

Das Phänomen des »Alpenglühens« beobachten wir überall, wo die horizontnahe, rote Sonne auf eine helle, die anderen Berge überragende Wand scheint. Folglich auch im Himalaya, wo diese Aufnahme entstand.

Alpenglühen kommt es genau in dem Zeitraum, wenn sich die rote Sonne zwischen Horizont und 4 Grad unter dem Horizont befindet. Dann entfalten der Scheinwerfer der Sonne und die benachbarten Himmelspartien ihre größte Leuchtkraft, die sie gegen die ihnen zugewandten Gipfelhänge richtet. So entsteht das Alpenglühen. Wer dieses Phänomen schon öfter erlebt hat, weiß, dass das abendliche Alpenglühen dem morgendlichen fast immer den Rang abläuft. Nur abends steht der Berg wirklich »in Flammen«. Die Ursache liegt in der am Abend dunst- und staubreicheren Luft. Sie verstärkt die Dämmerungserscheinungen.

Die Aufnahme hat keinen Blaustich, sondern zeigt die Realität: Aufgrund der großen Entfernung der Berge verleiht ihnen die Masse der dazwischen liegenden, das Sonnenlicht streuenden Luftmoleküle eine bläuliche Färbung.

Das Alpenglühen hat auch eine prognostische Bedeutung. Eine klare Abendsonne am westlichen Horizont bedeutet: im Westen nichts Neues. Und das ist gut so. Denn jede durchgreifende Wetterverschlechterung würde sich zuerst mit einem Wolkenaufzug aus Westen bemerkbar machen. So gilt das abendliche Alpenglühen als Schönwetterzeichen.

## Die »blauen Berge«

Die blauen Berge sind keine Erfindung der Landschaftsmaler. Es gibt sie wirklich, wie wir wissen. Je weiter das Sichtziel entfernt ist, desto mehr überzieht es sich mit einem blauen Schleier. Verantwortlich für diesen »Farbstich« ist nicht der Berg, sondern die Atmosphäre zwischen Berg und Beobachter. Was man oft vergisst: die Atmosphäre hat eine Eigenfarbe, verursacht durch ihre Gasmoleküle. Es ist das Blau, das sich zum Beispiel am Himmel zeigt. In dieser Richtung blicken wir ungestört und weit in die Atmosphäre hinein. Deshalb sehen wir die Farbe in dieser Richtung in ihrer größten Intensität. Ein weit entfernter Berg hat seine Eigenfarbe, zu dem sich die Atmosphärenfarbe mischt. Je weiter nun der Berg entfernt ist, desto mehr kann die Atmosphäre zu der Mischung beitragen. So stehen die »blauen Berge« auch für etwas weit Entferntes.
An einem dunstigen Tag erscheinen weit entfernte Berge eher weißlich bis blassblau: Es sind die größeren Dunstpartikel, die das Licht nun stark

streuen. Die blauen Berge stehen also für klare Schönwettertage zu Beginn einer ruhigen Schönwetterperiode, wenn sich noch nicht so viel Staub und Dunst in der unteren Atmosphäre angesammelt hat. Also durchaus ein Schönwetterzeichen.

## Morgen- und Abendrot

So oft wir auch das Schauspiel der Dämmerungsfarben genossen haben, wir sind immer wieder aufs Neue fasziniert. Vielleicht weil kein Sonnenuntergang oder -aufgang dem anderen gleicht. Zu viele Variationen bietet die Atmosphäre.
Die physikalische Ursache für die Rötung des horizontnahen Himmels ist der lange Weg der Strahlen durch die Atmosphäre bei tiefem Sonnenstand. Dabei wird der Blauanteil des Lichts quasi herausreflektiert, bevor er unten ankommt. Übrig bleibt der langwelligere Teil des Lichtspektrums, der weniger anfällig für Streuprozesse durch die Luftmoleküle ist. Das sind die Rottöne im Licht. Fällt nun dieser Rotscheinwerfer auf Wolken, verstärkt sich diese Himmelsfarbe. So entstehen die farbigen Dämmerungserscheinungen, die je nach Mischung mit dem weißen Licht Farben zwischen orange und karminrot ergeben. In sehr klarer Luft, wie wir sie im Hochgebirge haben, sieht man bei einem Sonnenstand 4 Grad unter dem Horizont, also beispielsweise rund 20 Minuten nach Sonnenuntergang, das rotviolette *Purpurlicht* am Himmel.

In sehr klarer Luft, wie wir sie im Hochgebirge des öfteren antreffen, erscheint uns als letzte Nuance in der abendlichen Abfolge der Dämmerungsfarben der rotviolette Lichtanteil des Sonnenlichts am Himmel, das Purpurlicht.

Manchmal leuchtet das Abendrot mit einer geradezu unwirklichen Leuchtkraft. Das geschieht, wenn das rote Sonnenlicht durch eine Eiswolkenschicht hindurchflutet, die dann ihrerseits stark zu leuchten vermag.

Die älteste Wetterregel stammt vom Apostel Matthäus. Sie weist auf das Abendrot als Schönwetterzeichen hin, während das Morgenrot zum Schlechtwetterzeichen abgestempelt wird. In der Tat gibt es häufiger Schlechtwetter nach Morgenrot. Die Erklärung ist gar nicht so kompliziert. Man braucht sich nur die Himmelsgeometrie vor Augen zu halten. Immer dann, wenn sich eine Tiefdruckstörung nähert, zieht als erstes Anzeichen der Wetterverschlechterung eine Cirrostratus-Schicht am Westhimmel auf. Im Zenit und nach Osten zu ist der Himmel aber noch klar. So vermag die klare Sonne im Osten mit ihrem roten Licht die hohen Schleierwolken des Wolkenaufzugs im Westen einzufärben. Die Leuchtkraft der Eiswolkenteilchen führt zu einem eindrucksvollen Morgenrot. Einige Stunden später trifft die Warmfront mit Wind und Regen ein.
Das Abendrot hingegen setzt Wolkenfreiheit im Westen voraus, damit sich das Licht der Abendsonne entfalten kann. Das Wetter wird also besser bzw. es bleibt schön. Es gibt sogar noch einen weiteren meteorologischen Grund für den guten Ruf des Abendrots. Im Zentrum eines Hochdruckgebiets herrscht eine nur sehr geringe Luftbewegung. Am Ende eines solchen Hochdrucktages bilden sich in der ruhigen Luft auf Grund der Abkühlung Dunstschichten. Auch sie leuchten im Licht der Abendsonne stark rötlich. Voraussetzung ist möglichst wenig Wind, so wie es typisch ist für anhaltendes Schönwetter. Ein roter Abendhimmel gilt deshalb als Garant einer stabilen Hochdrucklage.

# Halo-Erscheinungen

» **Gibt Ring oder Hof sich Sonne oder Mond, bald Regen und Wind uns nicht verschont.**
**(Altdeutsche Wetterregel)**

Seltener als die farbigen Dämmerungserscheinungen sind die Leuchterscheinungen, die in der Nähe der Sonnenscheibe beobachtet werden. Bekanntester Vertreter sind die Halo-Phänomene: ein *Ring* oder Ringsegment, das konzentrisch die Sonne umschließt, oder farbige Lichtkleckse mit großer Leuchtkraft, jeweils rechts und links von der Sonne *(Nebensonnen)*. Ursache ist die Konzentration des Sonnenlichts an bestimmten Stellen am Himmel durch Lichtbrechung. Diese Brechung findet in hohen Wolkenschichten im Innern kleinster Eiskristalle statt. Cirrostratuswolken machen also dieses Phänomen erst möglich. Eine weitere Bedingung ist eine sehr regelmäßige Anordnung der Eisteilchen in der Wolkenschicht, wie sie nur bei starken Höhenwinden (Jet-Stream!) vorkommt.
Die Jet-Streams bringen uns die Tiefs. Halo-Erscheinungen gelten deshalb als Kennzeichen einer durchgreifenden Wetterverschlechterung.
Ein anderes Ringphänomen tritt manchmal am äußeren Rand eines Sonnenhofs auf und besteht aus unmittelbar aufeinanderfolgenden Ringen: der *Sonnenkranz (Korona)*. Die verursachende Wolke ist eine dünne Wasserwolke, oft eine Schäfchenwolke. Die farbigen Ringe bilden sich durch Beugung des Sonnenlichts an den Wolkentröpfchen. Voraussetzung ist eine sehr gleichmäßige Größenverteilung der Tröpfchen.

Scheint die Sonne durch Cirrostratus hindurch, bricht sich das Licht an den Eiskristallen, wodurch ein farbiger Ring um die Sonnenscheibe entsteht, der Halo-Ring. Solche Ringe sind auf Grund der Anwesenheit von Cirrostratus ein zuverlässiges Schlechtwetterzeichen.

Fällt das Sonnenlicht durch eine Wolkenlücke auf eine sehr feuchte Luftschicht, sehen wir scheinbare Strahlenbündel, die von der Sonne ausgehen, das »Wasserziehen« der Sonne.

# Das »Wasserziehen« der Sonne

» **Wenn die Sonne Wasser zieht, gibt's bald Regen. (Altdeutsche Wetterregel)**

Eine sehr romantisch empfundene Wolkenstimmung entsteht, wenn das Licht der Sonne durch kleine Wolkenlöcher hindurchfällt und dabei unterhalb der Wolkenbasis von einer Dunstschicht gestreut wird. Von weitem sehen wir, wie von einem scheinbaren Punkt oberhalb der Wolken Strahlenbündel ausgehen. Durch den massigen Charakter der umgebenden Wolkenmauern sind diese Bündel nach außen scharf begrenzt. Man sagt zu dieser Erscheinung, die Sonne zieht das Wasser an. Will heißen, es gibt bald Regen.

Wenngleich sich diese Regel nicht als besonders zuverlässig erwiesen hat, hat sie doch einen wahren (meteorologischen) Kern. An Tagen mit labiler Luftschichtung und wenig Wind, zum Beispiel an schwülen Sommertagen, reichern sich die unteren Luftschichten stark mit Feuchtigkeit an. Die kann nun schon unterhalb der Basis der hochreichenden Quellwolken stellenweise auskondensieren, der Meteorologe spricht von einer Vorkondensation. Die Strahlenbündel in den Dunstpaketen sind also ein Zeichen wasserdampfgeschwängerter Luftmassen.

Blicken wir mit der Sonne im Rücken in einen von der Sonne beleuchteten Regenvorhang einer Schauerwolke, erscheint uns im Vorhang ein in den Spektralfarben leuchtender Bogen, der Regenbogen. Er ist oft hinter einer Kaltfront zu sehen, wenn sich Schauer und sonnige Abschnitte abwechseln.

Die Reflexion des Sonnenlichts im Regentropfen erfolgt je nach Wellenlänge (Farbbereich) mit unterschiedlichen Winkeln. Deshalb wird das weiße Licht nach mehrfacher Reflexion in die Spektralfarben zerlegt.

## Regenbogen

Der Regenbogen ist in den Augen vieler die schönste optische Erscheinung am Himmel. Der farbige Bogen entsteht durch die Aufspaltung des weißen Sonnenlichts in seine Spektralfarben. Die Zerlegung des Lichts in die Farben geschieht in den Regentropfen eines Schauers. Da die einzelnen Farbanteile des Lichts in unterschiedlichen Winkeln vom Tropfen reflektiert werden, baut sich im Regenvorhang vor dem Beobachter ein mehrfarbiger Lichtbogen auf: der Regenbogen. Dabei hat der Beobachter die Sonne im Rücken.

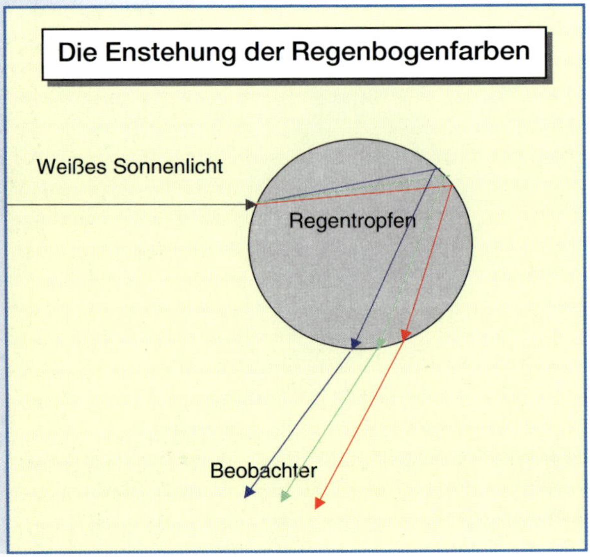


Voraussetzung ist also ein Nebeneinander von Wolkenlücke und Schauerwolke. Dieser Wettertypus ist charakteristisch für die aprilmäßige Wetterphase hinter einer Kaltfront, wo sich Schauer mit sonnigen Abschnitten abwechseln. Da diese Phase der letzte Akt im Drama einer durchziehenden Tiefdruckstörung ist, bessert sich das Wetter oft deutlich am Tag nach der Regenbogenbeobachtung.

# Das »Brockengespenst«

Eine typische Gebirgserscheinung ist das »Brockengespenst«. Wir stehen auf einem Gipfel in der Sonne und sehen unter uns im Wolkennebel einen menschlichen Schatten mit unnatürlich großen Umrissen. Ein Gespenst scheint sich dort zu befinden!

Es ist unser eigener Schatten, von der Sonne auf eine Wolkenbank projiziert. Aber es kommt noch bunter. Um unser Haupt im Schatten erkennen wir einen Kranz, der schwach farbig leuchtet. Der Heiligenschein (Glorie) entsteht durch Beugung und spektrale Zerlegung des Sonnenlichts in den winzigen Wolkentröpfchen.

Gespenst und *Heiligenschein (Glorie)* gehören zusammen. Da das Phänomen vom höchsten Gipfel des Harzes häufig beobachtet wird, erhielt es den wenig alpin klingenden Namen *Brockengespenst.* Es könnte aber genauso gut »Wendelsteingespenst« heißen, denn man beobachtet die seltsame Naturerscheinung oft auch im Alpenraum. Voraussetzung sind Sonnenschein und eine Gipfellage knapp oberhalb einer Wolken- oder Nebelschicht.

Eine kuriose Form der Beugung der Sonnenstrahlen: Wir sehen den Schatten eines Heißluftballons samt Gondel, von der Sonne auf eine darunter liegende Wolkenschicht projiziert. Um den Schatten des Fotografen in der Gondel ist ein farbiger Lichtbogen zu erkennen: die Glorie.

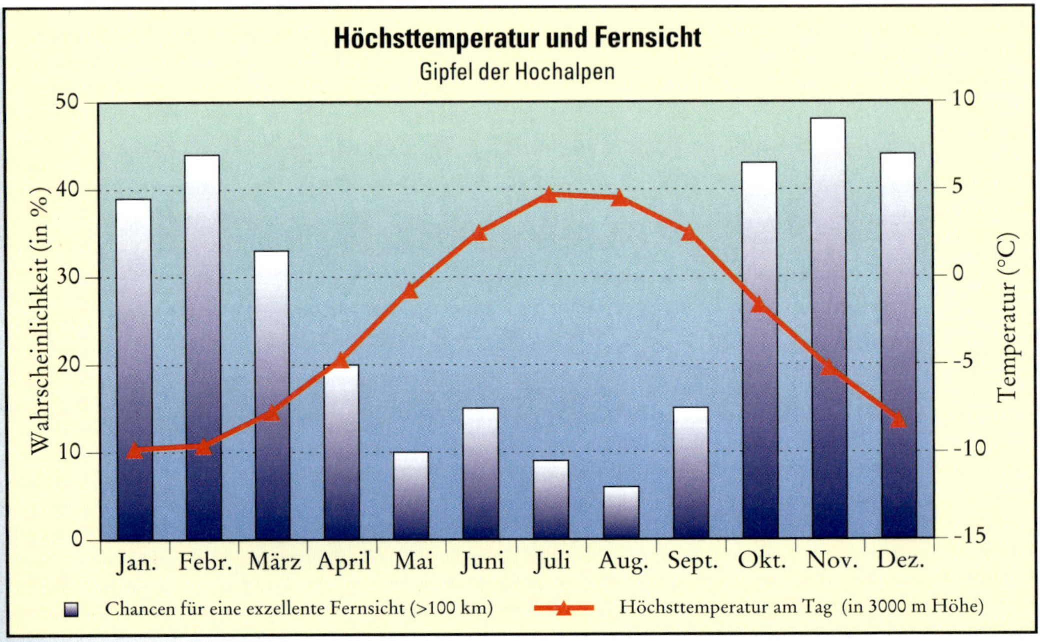
Höchsttemperatur und Fernsicht
Gipfel der Hochalpen
Wahrscheinlichkeit (in %)
Temperatur (°C)
50
40
30
20
10
0
10
5
0
-5
-10
-15
Jan.
Febr.
März
April
Mai
Juni
Juli
Aug.
Sept.
Okt.
Nov.
Dez.
Chancen für eine exzellente Fernsicht (>100 km)
Höchsttemperatur am Tag (in 3000 m Höhe)

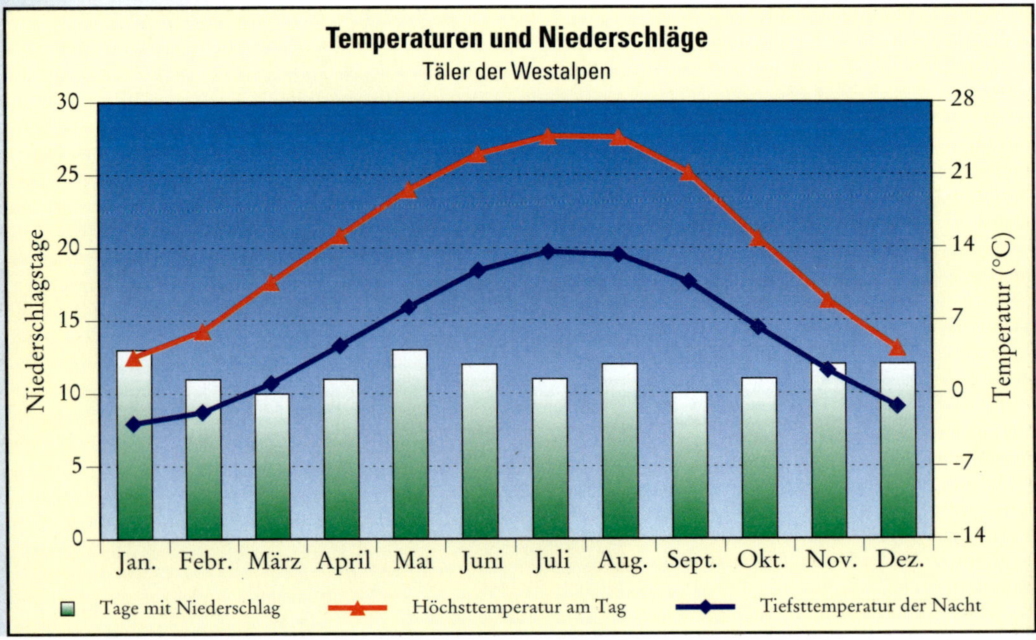
Temperaturen und Niederschläge
Täler der Westalpen
Niederschlagstage
Temperatur (°C)
30
25
20
15
10
5
0
28
21
14
7
0
-7
-14
Jan.
Febr.
März
April
Mai
Juni
Juli
Aug.
Sept.
Okt.
Nov.
Dez.
Tage mit Niederschlag
Höchsttemperatur am Tag
Tiefsttemperatur der Nacht

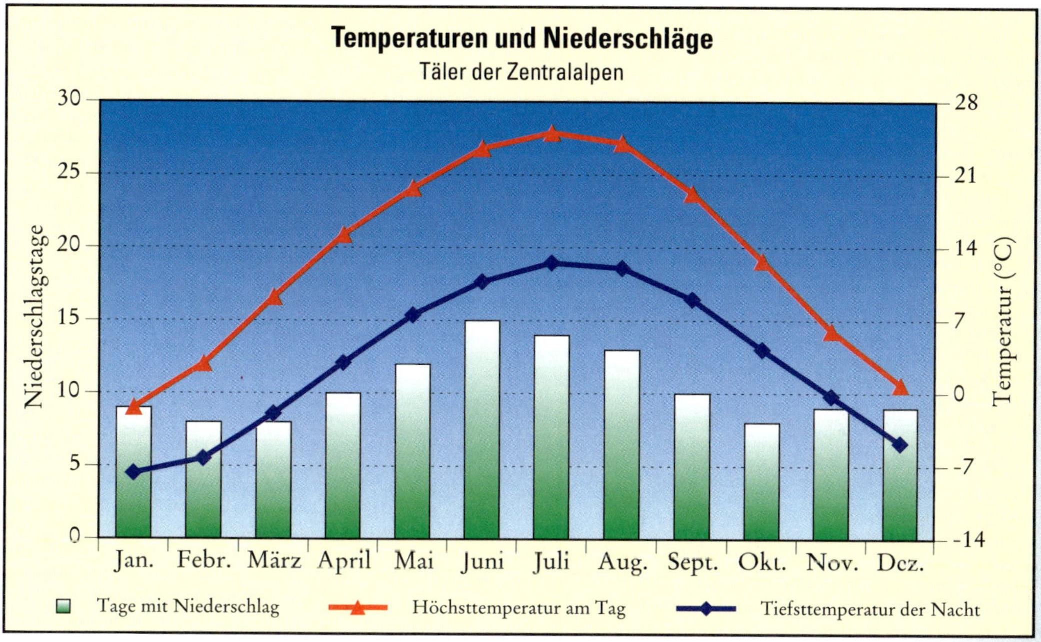
Temperaturen und Niederschläge
Täler der Zentralalpen
Niederschlagstage
30
25
20
15
10
5
0
Temperatur (°C)
28
21
14
7
0
-7
-14
Jan.
Febr.
März
April
Mai
Juni
Juli
Aug.
Sept.
Okt.
Nov.
Dez.
Tage mit Niederschlag
Höchsttemperatur am Tag
Tiefsttemperatur der Nacht

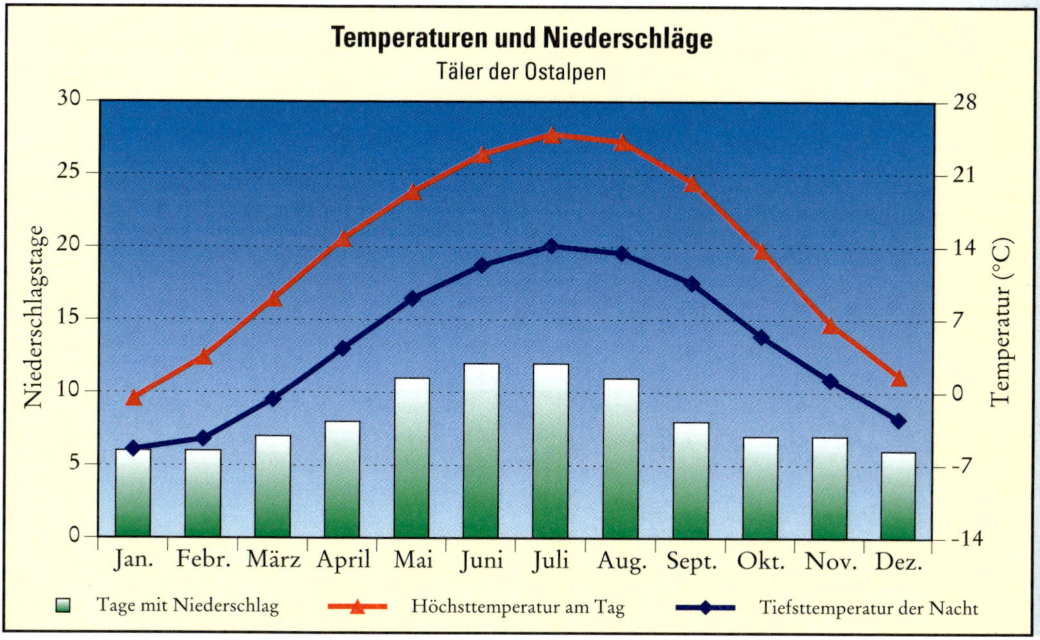
Temperaturen und Niederschläge
Täler der Ostalpen
Niederschlagstage
30
25
20
15
10
5
0
Temperatur (°C)
28
21
14
7
0
-7
-14
Jan.
Febr.
März
April
Mai
Juni
Juli
Aug.
Sept.
Okt.
Nov.
Dez.
Tage mit Niederschlag
Höchsttemperatur am Tag
Tiefsttemperatur der Nacht

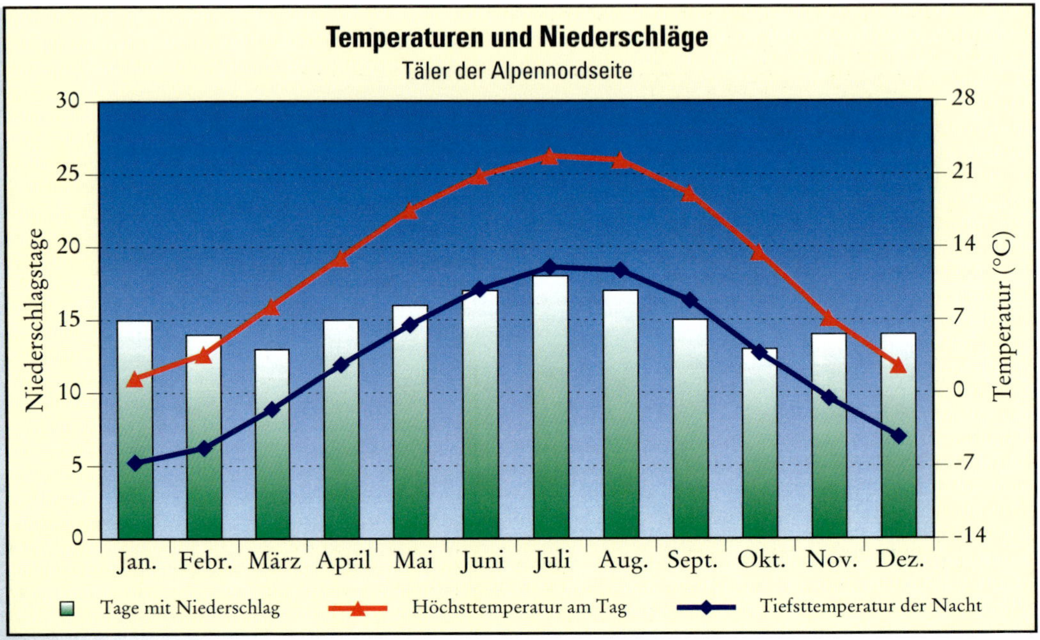
Temperaturen und Niederschläge
Täler der Alpennordseite
Niederschlagstage
Temperatur (°C)
30
25
20
15
10
5
0
28
21
14
7
0
-7
-14
Jan.
Febr.
März
April
Mai
Juni
Juli
Aug.
Sept.
Okt.
Nov.
Dez.
Tage mit Niederschlag
Höchsttemperatur am Tag
Tiefsttemperatur der Nacht

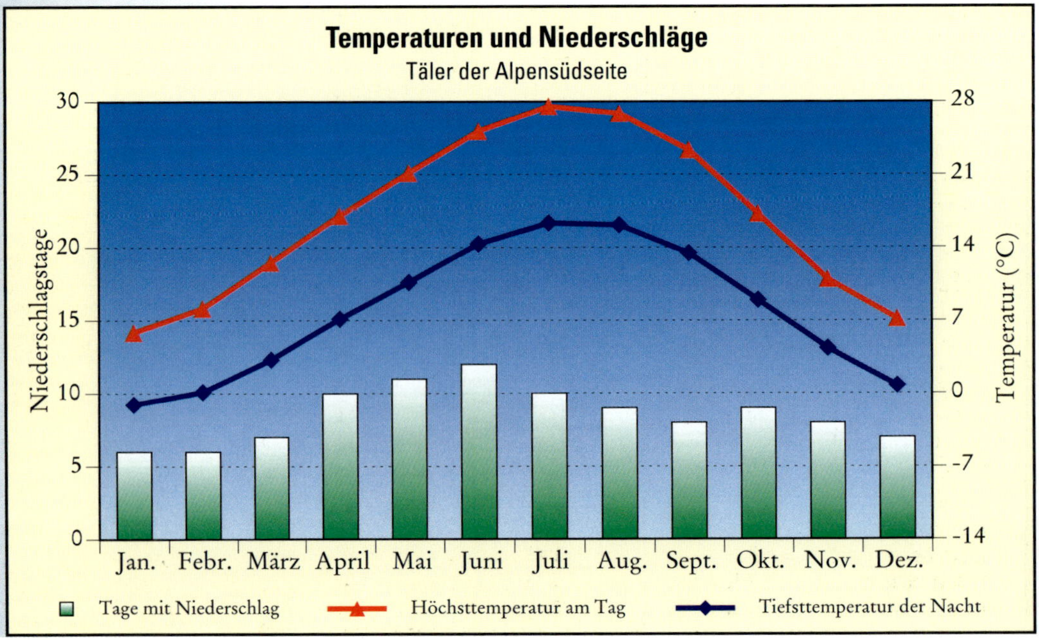
Temperaturen und Niederschläge
Täler der Alpensüdseite
Niederschlagstage
Temperatur (°C)
30
25
20
15
10
5
0
28
21
14
7
0
-7
-14
Jan.
Febr.
März
April
Mai
Juni
Juli
Aug.
Sept.
Okt.
Nov.
Dez.
Tage mit Niederschlag
Höchsttemperatur am Tag
Tiefsttemperatur der Nacht

## Sonnenauf- und Untergangszeiten im Alpenraum

(unter Berücksichtigung der Sommerzeit)

| **Ostalpen** (Dachsteingebirge) | | | |
|---|---|---|---|
| **Zeitpunkt** | **Sonnenaufgang** | **Sonnenuntergang** | **Tageslänge** (Std.Min) |
| 1. Januar | 7.52 | 16.23 | 8.31 |
| 1. Februar | 7.31 | 17.04 | 9.33 |
| 1. März | 6.44 | 17.49 | 11.05 |
| 1. April | 6.42 | 19.34 | 12.52 |
| 1. Mai | 6.46 | 20.16 | 14.29 |
| 1. Juni | 5.11 | 20.53 | 15.43 |
| 1. Juli | 5.11 | 21.05 | 15.54 |
| 1. August | 5.42 | 20.38 | 14.56 |
| 1. September | 6.23 | 19.45 | 13.21 |
| 1. Oktober | 7.03 | 18.44 | 11.40 |
| 1. November | 6.48 | 16.47 | 9.58 |
| 1. Dezember | 7.31 | 16.15 | 8.44 |
| **Zentralalpen** (Ötztaler Alpen) | | | |
| **Zeitpunkt** | **Sonnenaufgang** | **Sonnenuntergang** | **Tageslänge** (Std.Min) |
| 1. Januar | 8.01 | 16.37 | 8.36 |
| 1. Februar | 7.41 | 17.18 | 9.36 |
| 1. März | 6.55 | 18.02 | 11.06 |
| 1. April | 6.55 | 19.45 | 12.50 |
| 1. Mai | 6.00 | 20.26 | 14.26 |
| 1. Juni | 5.25 | 21.02 | 15.37 |
| 1. Juli | 5.26 | 21.14 | 15.48 |
| 1. August | 5.56 | 20.48 | 14.52 |
| 1. September | 6.36 | 19.56 | 13.20 |
| 1. Oktober | 7.15 | 18.56 | 11.41 |
| 1. November | 6.59 | 17.00 | 10.01 |
| 1. Dezember | 7.41 | 16.30 | 8.49 |
| **Westalpen** (Walliser Alpen) | | | |
| **Zeitpunkt** | **Sonnenaufgang** | **Sonnenuntergang** | **Tageslänge** (Std.Min) |
| 1. Januar | 8.11 | 16.54 | 8.43 |
| 1. Februar | 7.52 | 17.33 | 9.41 |
| 1. März | 7.08 | 18.16 | 11.08 |
| 1. April | 7.09 | 19.58 | 12.49 |
| 1. Mai | 6.16 | 20.37 | 14.21 |
| 1. Juni | 5.42 | 21.13 | 15.31 |
| 1. Juli | 5.43 | 21.24 | 15.41 |
| 1. August | 6.12 | 20.59 | 14.47 |
| 1. September | 6.50 | 20.08 | 13.17 |
| 1. Oktober | 7.28 | 19.10 | 11.41 |
| 1. November | 7.10 | 17.15 | 10.05 |
| 1. Dezember | 7.51 | 16.46 | 8.55 |

## Alpenwetterprognosen im Internet (eine Auswahl)

| Region | Nutzerkreis | Adresse |
|---|---|---|
| Alpenraum | Wanderer, Bergsteiger, Flugsportler | http://www.aacz.ch/meteo |
| Alpenraum | Wanderer, Bergsteiger | http://www.alpenverein.de/pages/wetter_act.html |
| Alpenraum | Flugsportler | http://airmet.ch |
| Alpenraum | Wassersportler | http://www.surf-magazin.de |
| Österreich | Wanderer, Bergsteiger, Wintersportler | http://www.tiscover.com |
| Österreich | Wanderer, Bersteiger | http://www.alpenverein.at/wetter/index.htm |
| Österreich | Wanderer, Bergsteiger | http://wetter.orf.at |
| Österreich | Wintersportler | http://www.tiscover.com/partner/lawine/home/index...1.html |
| Österreich | Flugsportler | http://www.austrocontrol.co.at/weather/info.html |
| Schweiz | Wanderer, Bergsteiger, Wintersportler, Flugsportler | http://www.meteoschweiz.ch/de |
| Schweiz | Wanderer, Bergsteiger, Wintersportler, Flugsportler | http://www.nzz.ch/online/05_service/wetter/wetter.htm |
| Schweiz | Wanderer, Bergsteiger, Wintersportler | http://meteo.ch |
| Schweiz | Wintersportler | http://www.wsl.ch/slf/welcome-de.html |
| Schweiz | Flugsportler | http://www.soaringwetter.ch |
| Schweiz | Wassersportler | http://www.meteotest.ch/berphomod/windp.html |
| Deutsche Alpen | Wintersportler | http://www.lawinenwarndienst.bayern.de/lagebericht.htm |
| Französ. Alpen | Wintersportler | http://www.meteo.fr/temps/france/avalanches |
| Südtirol | Wanderer, Bergsteiger Wintersportler | http://www.provincia.bz.it/meteo/online/Wetterbericht_d.asp |
| Piemont | Wanderer, Bergsteiger Wintersportler | http://www.regione.piemonte.it/meteo/neve.htm |
| Trentino | Wintersportler | http://www.provincia.tn.it/meteo |
| Lombardei | Wintersportler | http://www.novanet.it/vvol/meteo/ro_nivo.cgi |
| Venetien, Dolomiten | Wintersportler | http://www.arpa.veneto.it/csvdi/bollettino |

## Die europäische Skala der Lawinengefährdung

| Gefahren-stufe | Bezeich-nung | Zustand der Schneedecke (Hänge) | Auslösung durch den Menschen | Auslösung spontan |
|---|---|---|---|---|
| 1 | Gering | Überall gut verfestigt (stabil) | Extrem selten | Nur Rutsche |
| 2 | Mäßig | An einigen Steilhängen nur mäßig stabil | Möglich durch eine Gruppe | Nur Rutsche |
| 3 | Erheblich | An vielen Steilhängen eher schwach verfestigt (labil) | Auch bei geringer Belastung möglich | Möglich sind mittlere Lawinen |
| 4 | Groß | An den meisten Steilhängen schwach verfestigt (labil) | Verbreitet auch bei geringer Belastung | Verbreitet mittlere, örtlich große Lawinen |
| 5 | Sehr groß | An den meisten Hängen labil geschichtete Schneedecke | Verbreitet auch bei geringer Belastung | Verbreitet große Lawinen |

## Die gefühlte Temperatur (°C) in Abhängigkeit von Wind und Lufttemperatur

(Werte in blau: Erfrierungen innerhalb 1 Minute möglich)

| Wind (km/h) | Lufttemperatur (°C) 10 | 5 | 0 | -5 | -10 | -15 | -20 | -25 | -30 | -35 |
|---|---|---|---|---|---|---|---|---|---|---|
| 0 | 10 | 5 | 0 | -5 | -10 | -15 | -20 | -25 | -30 | -35 |
| 10 | 6 | 1 | -5 | -10 | -16 | -21 | -27 | -32 | -37 | -42 |
| 20 | 2 | -3 | -9 | -14 | -22 | -27 | -34 | -39 | -45 | -50 |
| 30 | -1 | -7 | -12 | -18 | -26 | -32 | -39 | -45 | -52 | -59 |
| 40 | -4 | -10 | -16 | -22 | -29 | -36 | -44 | -51 | -59 | -68 |
| 50 | -6 | -12 | -19 | -25 | -32 | -40 | -48 | -56 | -64 | -73 |
| 60 | -7 | -14 | -21 | -28 | -34 | -43 | -51 | -59 | -67 | -76 |
| 70 | -8 | -15 | -22 | -29 | -36 | -44 | -52 | -60 | -68 | -77 |

## Die Einteilung des Windes

| Windstärke (nach Beaufort) | Windgeschwindigkeit | | Bezeichnung | Beobachtungen auf einer Gebirgstour |
|---|---|---|---|---|
| | km/h | m/s | | |
| 0 | < 1 | 0 – 0,2 | Windstille | Kaminrauch steigt gerade empor |
| 1 | 1 – 5 | 0,3 – 1,5 | Leiser Zug | Kaminrauch steigt schräg empor; Wind als Hauch spürbar |
| 2 | 6 – 11 | 1,6 – 3,3 | Leichte Brise | Wind bewegt trockenes Laub; Wind deutlich im Gesicht fühlbar |
| 3 | 12 – 19 | 3,4 – 5,4 | Schwache Brise | Wind bewegt Blätter und dünne Zweige; Taschentuch bewegt sich im Wind |
| 4 | 20 – 28 | 5,5 – 7,9 | Mäßige Brise | Wind bewegt Äste; Beginn der Verfrachtung von Pulverschnee (»Schneefegen«) |
| 5 | 29 – 38 | 8,0 – 10,7 | Frische Brise | Bäume beginnen zu schwanken; weiße Schaumköpfe auf den Seen |
| 6 | 39 – 49 | 10,8 – 13,8 | Starker Wind | Große Äste in Bewegung; Pfeifen in Stromleitungen |
| 7 | 50 – 61 | 13,9 – 17,1 | Steifer Wind | Wind wird deutlich hörbar als Rauschen des Bergwaldes und Pfeifen um die Hüttenecken |
| 8 | 62 – 74 | 17,2 – 20,7 | Stürmischer Wind | Gehen gegen den Wind erschwert; Zweige brechen; große Schneeverfrachtungen |
| 9 | 75 – 88 | 20,8 – 24,4 | Sturm | Schneefahnen an Gipfeln und Graten; Wind hebt auf den Seen den Schaum ab (Gischt) |
| 10 | 89 – 102 | 24,5 – 28,4 | Schwerer Sturm | Bäume werden entwurzelt; Touren nur noch im Windschutz möglich |
| 11 | 103 – 117 | 28,5 – 32,6 | Orkanartiger Sturm | Aufrechter Gang erschwert; Böen können einen Menschen umwerfen |
| 12 | > 117 | > 32,6 | Orkan | Gehen gegen den Wind kaum noch möglich; Erfrierungen schon bei leichtem Frost |

# Register

Die Deutsche Bibliothek –
CIP-Einheitsaufnahme

Ein Titeldatensatz für diese Publikation ist bei Der Deutschen Bibliothek erhältlich

**Bildnachweis**
H. Dusswald/surf-Magazin: S. 71
H. Endler/Look: S. 70
R. Heinrich: S. 45, 51, 127, 133
C. Hensold: S. 2/3, 126
G. Hirtlreiter: S. 1, 8, 21, 28 (2), 31 o., 64, 77, 95, 103, 109, 110, 113 u., 114, 124, 125, 129, 131
P. James: S. 72, 96 u., 113 o.
M. Sachweh: S. 9, 29 (2), 31 u., 32 u., 33, 34, 35, 48 (2), 55, 56, 57, 58, 63, 93, 96 o., 102, 120, 123, 128, 130, 132
R. Trenkle: S. 30
M. Weber/Komm. f. Glaziologie der BAdW: S. 23, 32 o., 116

Umschlagfotos vorne: G. Hirtlreiter (groß), F. Karbstein, Anzenberger Agentur für Fotografen – R. Bösch, F. Werner/Look, K. Steinbach (von links nach rechts)
Umschlagfotos hinten: C. Hensold, G. Hirtlreiter, C. Hensold (von links nach rechts)

Umschlaggestaltung:
Werbeagentur Joko Sander, München

Lektorat: Barbara Hörmann

Konzeption: Parzhuber & Partner, München

Layout: Walter Werbegrafik, Gundelfingen

Satz: DTP-Design Walter, Gundelfingen

Herstellung: Manfred Sinicki

BLV Verlagsgesellschaft mbH
München Wien Zürich
80797 München



Druck und Bindung:
Druckhaus Neue Stalling, Oldenburg

Gedruckt auf chlorfrei gebleichtem Papier

Printed in Germany · ISBN 3-405-15829-X

# Unterwegs in den Bergen.

Jean-Louis Laroche / Florence Lelong
**Die Gipfel des Montblanc**
Hochalpine Herausforderungen im Montblanc-Massiv für erfahrene Bergsteiger: 57 aktuelle Routen auf 50 Gipfel mit atemberaubenden Fotos.

*BLV Sportpraxis Top*
Jürgen Kemmler
**Richtig Carven**
Die neue Lust am Skifahren: Carving für Anfänger und Umsteiger«: Kondition, Skitechnik, paralleles Schwingen, Varianten der Skitechnik und Hohe Schule im Gelände, kleine Lawinenkunde.

Deutscher Verband für das Skilehrwesen e.V. (Hrsg.)
**Lehrplan Snowboarding**
Praxis und Theorie für den erfolgreichen Unterricht – von Technik und Methodik des Kurvenfahrens bis zu speziellen Unterrichtszielen wie Fahren auf der Buckelpiste, Carven und Freestyle.

Michael Hoffmann
**Lawinengefahr**
Lebenswichtiges Know-how für Wintersportler im Gebirge: Entstehung und Auslösung von Schneebrettern, Risiken richtig einschätzen, Schneedeckentests, richtige Entscheidungen treffen, Tourenplanung, Routenwahl.

Michael Pause
**Münchner Hausberge**
68 Genusstouren in den Gebieten Bayerische Voralpen, Ammergauer Alpen, Wetterstein, Karwendel, Rofan, Kaisergebirge, Chiemgauer Alpen – mit Kurz-Infos zu Tourencharakter, Gehzeit, Eignung für Kinder oder als Winterwanderung, Hütten und Berggasthäusern.

*Alpin-Lehrplan Band 1:* **Bergwandern – Trekking**
Bewegungs- und Sicherungstechniken beim Bergwandern, Orientierung, Ausrüstung, Planung und Vorbereitung von Wanderungen, alpine Taktik, Bergwandern in Gruppen, erste Hilfe usw.

*Im BLV Verlag finden Sie Bücher zu den Themen:* Garten und Zimmerpflanzen • Natur • Heimtiere • Jagd und Angeln • Pferde und Reiten • Sport und Fitness • Wandern und Alpinismus • Essen und Trinken

*Ausführliche Informationen erhalten Sie bei:*

**BLV Verlagsgesellschaft mbH • Postfach 40 03 20 • 80703 München**
**Tel. 089/12705-0 • Fax 089/12705-543 • http://www.blv.de**